U0772707

当代中国

社会

李 文 著

图书在版编目（CIP）数据

当代中国社会 / 李文著 . -- 2 版 . -- 北京 ：五洲传播出版社，2021.10
（当代中国系列）
ISBN 978-7-5085-4241-6

Ⅰ . ①当… Ⅱ . ①李… Ⅲ . ①社会发展－概况－中国 Ⅳ . ① D668

中国版本图书馆 CIP 数据核字 (2019) 第 134794 号

当代中国系列

主　　编：武　力
出 版 人：关　宏

当代中国社会

著　　者：李　文
责任编辑：黄金敏
图片提供：视觉中国　中新社
封面设计：北京澜天文化传媒有限公司
内文制作：北京优品地带文化发展有限公司
出版发行：五洲传播出版社
地　　址：北京市北三环中路 31 号生产力大楼 B 座 6 层
邮　　编：100088
发行电话：010-82005927，010-82007837
网　　址：http://www.cicc.org.cn http://www.thatsbooks.com
印　　刷：中煤（北京）印务有限公司
版　　次：2021 年 10 月第 2 版第 2 次印刷
开　　本：710 毫米 ×1000 毫米　1/16
印　　张：13.5
字　　数：220 千字
定　　价：62.00 元

目　录

本书图表索引

　　20 世纪，在古老的中国发生的两个历史性事件影响到了全世界，一个是中华人民共和国成立，建立了社会主义制度，从根本上改变了东亚乃至全世界的政治格局；一个是中国实行改革开放，建立了社会主义市场经济制度，取得了社会经济长时段的高速发展，从根本上重绘了东亚乃至全世界的经济版图。而这一切，都是在中国共产党的领导下取得的。2018 年，我们隆重庆祝了中国改革开放 40 周年，2019 年迎来新中国成立 70 周年，2021 年又迎来中国共产党成立 100 周年。毫无疑问，继中国共产党诞生之后，新中国成立和改革开放这两个事件，注定都会在实现民族复兴、国家富强、人民幸福的伟大"中国梦"的历史画卷中留下浓墨重彩的一笔。正像习近平总书记 2018 年在庆祝改革开放 40 周年大会上的讲话中所指出的，新中国的成立，成功实现了中国历史上最深刻最伟大的社会变革，为当代中国一切发展进步奠定了根本政治前提和制度基础；改革开放极大改变了中国的面貌、中华民族的面貌、中国人民的面貌、中国共产党的面貌，中华民族迎来了从站起来、富起来到强起来的伟大飞跃。

　　进入 21 世纪，中国的发展延续了改革开放以来的势头：积极应对国际形势的深刻调整，国内发展日新月异；战胜各种风险、困难和挑战，经济总量实现历史性跨越；取得一系列新的历史性成就，全面建成小康社会，为开启建设现代化国家新征程打下了坚实基础。中国经济总量从世界第 6 位跃升到第 2 位，社会生产力、经济实力、科技实力迈上一个大台阶，人民生活水平、居民收入水平、社会保障水平实现前所未有的进步，综合国力、国际竞争力、国际影响力显著提高，

国庆之夜的北京天安门广场

国家面貌发生新的历史性变化。与此同时，特别是近几年来，中国的发展也面临日益突出的矛盾和问题：经济结构暴露出一些深层次矛盾，经济发展受到资源环境和产能过剩的严重制约，经济下行压力加大；国际局势充满不确定性，单边主义和保护主义日趋抬头，外部环境复杂严峻；经济与社会发展不平衡，利益纠纷和社会矛盾集中多发，社会治理面临诸多挑战。当前，中国正在进入新发展阶段，贯彻新发展理念，构建新发展格局，要在继续推动发展的基础上，着力解决好发展不平衡不充分问题，大力提升发展质量和效益，更好满足人民在经济、政治、文化、社会、生态等方面日益增长的需要，更好推动人的全面发展、社会全面进步。

本书主要概述进入 21 世纪以来中国社会发展的基本情况，于 2014 年首次出版。此次修订，增补了中共十八大和十九大以来的新举措、新进展，对原有的内容作了适度压缩和调整。为了便于全面介绍和总结新中国成立 70 多年来的社会发展，此次修订时也增加了一些概述性的内容。本书所引用数据除特别注明外，均源自中国国家统计局和有关部委的官方网站。

中国的经济社会转型与"中国梦"

自 1840 年鸦片战争以来，工业化和现代化就成了几代中国人的梦想，这个过程历经曲折、坎坷。40 多年前开启的改革开放引导着中国成功地走出了一条中国特色社会主义道路，由此当代中国开始快速全面向现代化转型。所谓"中国梦"，就是要使中国成功转型为现代化国家，实现中华民族的伟大复兴。经过改革开放以来的艰苦努力，"现在，我们比历史上任何时期都更接近中华民族伟大复兴的目标，比历史上任何时期都更有信心、有能力实现这个目标。"本章以"小康社会"目标的提出和实践为起点，梳理当代中国改革开放以来的现代化转型历程。

一、从温饱到总体小康

"小康社会"与"三步走"战略

半个多世纪之前的 1964 年，新中国第一代领导集体曾经提出过一个经济发展"两步走"的设想：第一步，建立一个独立的比较完整的工业体系和国民经济体系；第二步，全面实现农业、工业、国防和科学技术现代化，使中国经济走在世界的前列。20 世纪 70 年代末中国改革伊始，第一步设想已经基本实现了，但是距离第二步设想的目标还差得很远。"小康社会"就是邓小平借用传统概念，针对第二步

1978 年 12 月 18 日至 22 日，中共十一届三中全会在北京召开，邓小平在会议上讲话，号召全国各族人民解放思想、实事求是、团结一致向前看。

发展设想提出的新的讲法，并赋予其全新内涵。1979年12月和1984年3月，邓小平先后在会见日本首相时指出："我们要实现的四个现代化，是中国式的四个现代化。我们的四个现代化的概念，不是像你们那样的现代化的概念，而是'小康之家'。""翻两番，国民生产总值人均达到八百美元，就是到本世纪末在中国建立一个小康社会。这个小康社会，叫做中国式的现代化。"

与此前提出的"四个现代化"的标准有所不同，这个"小康社会"是一个谈不上富裕也谈不上贫穷的务实的阶段性发展目标。1978年的中国还只是个温饱不足的低收入国家，按现价汇率计算，人均国内生产总值（GDP）只有区区155美元，相当于世界平均水平的7.9%，在135个国家和地区中排名第133位；人均国民总收入（GNI）只有190美元，相当于世界平均水平的10.2%，在188个国家和地区中居第175位。这是世界银行公布的数据。农村居民和城市居民的恩格尔系数分别高达67.7%和57.5%，即便按当时中国自己所定比较低的贫困线标准衡量，也有多达1/4的人口（约2.5亿）属于尚未解决温饱的极端贫困人口。

所以，邓小平提出了一个"三步走"发展战略："第一步在80年代翻一番。以1980年为基数，当时国民生产总值人均只有250美元，翻一番，达到500美元。第二步是到本世纪（20世纪）末，再翻一番，人均达到1000美元。实现这个目标意味着我们进入小康社会，把贫困的中国变成小康的中国。那时国民生产总值超过万亿美元，虽然人均数还很低，但是国家的力量有很大增加。我们制定的目标更重要的还是第三步，在下世纪（21世纪）用30年到50年再翻两番，大体上达到人均4000美元。做到这一步，中国就达到中等发达的水平。"

1997年，人均GDP翻两番的目标提前实现。到2000年，中国政府宣布，人民生活总体达到小康水平。2007年，中共十七大在十六大提出2020年实现比2000年GDP总量翻两番的基础上，进一步提出

2019年山东省枣庄市城市夜景，体现了精彩与祥和的城市氛围。

了同期实现人均 GDP 翻两番的新要求。这就意味着，中国"达到中等发达的水平"的目标比邓小平预计的也要大大提前了。

"总体小康"的水平和标准

具体说来，20 世纪末中国总体达到的这个"小康水平"是个什么样的水平呢？按照邓小平 1984 年的预想，就是像当时经济比较发达的江南地区那样："第一是人不往上海、北京跑，恐怕苏南大部分地方的人都不往外地跑，乐于当地的生活；第二，每个人平均 20 多平方米的住房；第三，中小学教育普及了，自己拿钱办教育；第四，人民不但吃穿问题解决了，用的问题，什么电视机，新的几大件，很多人也都解决了；第五，人们的精神面貌有了很大的变化，什么违法乱纪、犯罪行为大大减少。"可见，"总体小康"绝非仅仅人均 GDP

翻两番那么简单。6年之后，中共十三届七中全会通过的《中共中央关于制定国民经济和社会发展十年规划和"八五"计划的建议》作出了进一步的概括："所谓小康水平，是指在温饱的基础上，生活质量进一步提高，达到丰衣足食。这个要求既包括物质生活的改善，也包括精神生活的充实；既包括居民个人消费水平的提高，也包括社会福利和劳动环境的改善。"到20世纪末，"人民生活从温饱达到小康，生活资料更加丰裕，消费结构趋于合理，居住条件明显改善，文化生活进一步丰富，健康水平继续提高，社会服务设施不断完善。"

为了便于衡量小康社会的实现程度，原国家计划委员会、国家统计局等部门于20世纪90年代初提出过一整套全国、城镇、农村有别的评价标准（如表1-1-1、表1-1-2、表1-1-3所示）。全国的基本标准包括五个方面共16项指标。城镇和农村的小康生活标准在全国

2019年4月，素有"桃花源里人家"之称的安徽省皖南黟县西递古镇，白墙黛瓦的徽式建筑与金黄的油菜花交相辉映。

表 1-1-1　全国居民小康生活水平基本标准

指标类型	指标名称	指标临界值			
		单位	1980 年	小康值	权数
一、经济水平	1. 人均国内生产总值	元	778	2500	14
二、物质生活					48
收入	2. 人均收入水平				16
	（1）城镇人均可支配收入	元	974	2400	6
	（2）农民人均纯收入	元	315	1200	10
居住	3. 人均居住水平				12
	（1）城镇人均使用面积	平方米	5.5	12	5
	（2）农村人均钢砖木结构住房面积	平方米	4.5	15	7
营养	4. 人均蛋白质摄入量	克	50	75	6
交通	5. 城乡交通状况				8
	（1）城市每万人拥有铺路面积		2.8	8	3
	（2）农村通公路行政村比重	%	50	85	5
结构	6. 恩格尔系数	%	60	50	6
三、人口素质					14
文化	7. 成人识字率	%	68	85	6
健康	8. 人均预期寿命	岁	68	70	4
	9. 婴儿死亡率	‰	34.7	31	4
四、精神生活					10
	10. 教育娱乐支出比重	%	3	11	5
	11. 电视机普及率	%	11.9	100	5
五、生活环境					14
	12. 森林覆盖率	%	12	15	7
	13. 农村初级卫生保健基本合格以上县占比	%		100	7
总计	共 16 项分指标				100

指标名称	单位	指标临界值		权数
		1980 年	小康值	
一、经济水平				21
1. 人均国内生产总值	元	1750	5000	12
2. 第三产业增加值比重	%	20.6	40	9
二、物质生活				37
3. 人均可支配收入	元	974	2400	15
4. 人均住房使用面积	平方米	5.5	12	10
5. 人均日蛋白质摄入量	克	60	75	5
6. 恩格尔系数	%	62	50	7
三、人口素质				12
7. 人口平均预期寿命	岁	67	70	5
8. 中学入学率	%	70	90	7
四、精神生活				12
9. 电视机普及率	%	58	100	5
10. 文教娱乐支出比重	%	6	16	7
五、生活环境与社会保障				18
11. 人均绿地面积	平方米	3	9	9
12. 万人刑事案件立案数	件		20	9
总计				100

表 1–1–2　全国城镇居民小康生活水平基本标准

表 1-1-3　全国农村居民小康生活水平基本标准				
指标	单位	权数	温饱值	小康值
一、收入分配		35		
1. 人均纯收入	元	30	300	1200
2. 基尼系数	%	5	0.2	0.3—0.4
二、物质生活		25		
3. 恩格尔系数	%	6	60	≤ 50
4. 蛋白质摄入量	克	9	47	75
5. 衣着消费支出	元	3	27	70
6. 钢木结构住房比重	%	7	43	80
三、精神生活		12		
7. 电视机普及率	台/百户	6	1	70
8. 文化服务支出比重	%	6	2	10
四、人口素质		9		
9. 人口平均预期寿命	岁	4	68	70
10. 劳动力平均受教育程度	年	5	6	8
五、生活环境		11		
11. 已通公路的行政村比重	%	3	50	85
12. 安全卫生水普及率	%	3	50	90
13. 用电户比重	%	3	50	95
14. 已通电话的行政村比重	%	2	50	70
六、社会保障与社会安全		8		
15. 享受社会五保人口比重	%	4	50	90
16. 万人刑事案件立案件数	件	4	5	≤ 20
合计		100		

基本标准的基础上各有损益，符合城乡差别巨大的客观现实。从上述三个表罗列的指标来看，除了全国和城镇基本指标中反映经济发展水平的指标以外，其余绝大部分指标都与社会建设和社会生活有直接关系。经过测算，1990年全国小康实现程度为48%，2000年为96%。到2000年尚有3项指标没有达到小康标准，即农民人均纯收入为1066元，实现85%；人均蛋白质日摄入量为75克，实现90%；农村初级卫生保健基本合格县比重实现80%。分地区来看，东部基本实现，中部实现78%，西部实现56%。同一时期，城镇居民恩格尔系数从1991年的53.8%下降到2000年的39.4%，农村居民恩格尔系数从57.6%下降到49.1%。这一时期，农村贫困人口减少了2.2亿。世界银行认为，中国是20年来对全球扶贫事业作出最大贡献的国家。中国创新性的大规模扶贫活动，为全球扶贫行动提供了极富建设性的范例。

二、全面小康

新"三步走"战略

显而易见，中国20世纪末的"总体小康"还只是一个低标准、偏重于物质生活的"小康"。2000年底，中国人均GDP只有800多美元，属于中低收入国家的水平。全国尚有3000万人温饱没有完全解决，城镇也有一批人口处在最低生活保障线以下。西部相当一部分地方与"总体小康"还有一段距离，农村实现小康的难点主要在西部地区。这一时期，人民日益增长的物质文化需要同落后的社会生产之间的矛盾仍然是中国社会的主要矛盾，生产力和科技、教育还比较落后，实现工业化和现代化还有很长的路要走；城乡二元经济结构还没有改变，地区差距扩大的趋势尚未扭转；人口总量继续增加，老龄人

中国的中西部地区经济发展水平与东部发达地区相比还有很大差距。

口比重上升，就业和社会保障压力增大；生态环境、自然资源和经济社会发展的矛盾日益突出；仍然面临发达国家在经济科技等方面占优势的压力；经济体制和其他方面的管理体制还不完善；民主法制建设和思想道德建设等方面还存在一些不容忽视的问题。巩固和提高刚刚达到的小康水平，还需要进行长时期的艰苦奋斗。

有鉴于此，1997年，中共十五大将邓小平提出的"三步走"战略中的第三步具体化，进一步提出了一个"新三步走"战略：21世纪前50年的目标是，第一个十年实现国民生产总值比2000年翻一番，使人民的小康生活更加富裕，形成比较完善的社会主义市场经济体制；再经过十年的努力，到中国共产党建党100年时，使国民经济更加发展，各项制度更加完善；到21世纪中叶新中国成立100年时，基本实现现代化，建成富强民主文明的社会主义国家。一个以低水平的"总体小康"为基础的、更高水平的"全面小康"发展规划就要破茧而出了。

表 1-2-1 中国内地与世界主要经济体主要年份 GDP 对比表（基于汇率）

单位：GDP 总量 / 亿美元，占世界比重 /%

位次	2019 年 国家	GDP	比重	2000 年 国家	GDP	比重	1990 年 国家	GDP	比重	1980 年 国家	GDP	比重
	世界	876,975	100	世界	323,313	100	世界	221,959	100	世界	107,113	100
1	美国	213,744	24.4	美国	99,515	30.78	美国	58,005	26.13	美国	27,882	26.03
2	中国	143,429	16.4	日本	47,312	14.63	日本	31,037	13.98	日本	10,870	10.15
3	日本	50,818	5.8	德国	18,919	5.85	德国	15,470	6.97	德国	8,261	7.71
4	德国	38,456	4.4	英国	14,787	4.57	法国	12,474	5.62	法国	6,913	6.45
5	印度	28,751	3.3	法国	13,302	4.11	意大利	11,402	5.14	英国	5,425	5.06
6	英国	28,271	3.2	中国	11,985	3.71	英国	10,246	4.62	意大利	4,700	4.39
7	法国	27,155	3.1	意大利	11,073	3.42	加拿大	5,947	2.68	加拿大	2,744	2.56
8	意大利	20,012	2.3	加拿大	7,397	2.29	西班牙	5,204	2.34	墨西哥	2,266	2.12
9	巴西	18,398	2.1	墨西哥	6,719	2.08	巴西	4,650	2.09	西班牙	2,244	2.09
10	加拿大	17,364	2.0	巴西	6,443	1.99	中国	3,903	1.76	阿根廷	2,090	1.95
11	韩国	16,424	1.9	西班牙	5,820	1.80	澳大利亚	3,238	1.46	中国	2,025	1.89
12	西班牙	13,941	1.6	韩国	5,334	1.65	印度	3,235	1.46	印度	1,814	1.69
13	澳大利亚	13,927	1.6	印度	4,764	1.47	荷兰	2,956	1.33	荷兰	1,772	1.65
14	墨西哥	12,583	1.4	澳大利亚	3,996	1.24	墨西哥	2,878	1.30	沙特阿拉伯	1,640	1.53
15	荷兰	9,091	1.0	荷兰	3,862	1.19	韩国	2,704	1.22	澳大利亚	1,629	1.52

资料来源：根据 IMF2013 年《世界经济展望》和中国国家统计局 2019 年《国际经济统计年鉴》数据整理。1991 年之前的数据未列入苏联，如列入苏联，则中国排名后移 1 位。

15

2012 年 11 月 8 日，中国共产党第十八次全国代表大会在北京人民大会堂隆重开幕。

"全面小康"及前半程的实现程度

2000 年，中共十五届五中全会宣布"从新世纪开始，我国将进入全面建设小康社会，加快推进社会主义现代化的新的发展阶段。"指出"这是中华民族发展史上一个新的里程碑。" 2002 年，中共十六大根据十五大提出的"新三步走"战略，确定在 21 世纪前 20 年"全面建设惠及十几亿人口的更高水平的小康社会，使经济更加发展、民主更加健全、科教更加进步、文化更加繁荣、社会更加和谐、人民生活更加殷实。"其中，经济和民生方面的目标是："在优化结构和提高效益的基础上，国内生产总值到 2020 年力争比 2000 年翻两番，综合国力和国际竞争力明显增强。基本实现工业化，建成完善的社会主义市场经济体制和更具活力、更加开放的经济体系。城镇人口的比重较大幅度提高，工农差别、城乡差别和地区差别扩大的趋势逐步扭转。

社会保障体系比较健全，社会就业比较充分，家庭财产普遍增加，人民过上更加富足的生活。"十六大还为这个更高水平的"小康社会"提出了政治、文化和生态环境等全方位的奋斗目标。2007年的中共十七大在十六大提出2020年实现比2000年GDP总量翻两番的基础上，进一步提出了同期实现人均GDP翻两番的新要求。从十六大提出的以及后来在十七大、十八大一再被充实了内容的"小康社会"奋斗目标来看，新的小康目标较之过往的"总体小康"，一是水平更高，要从一个国际上中等偏下收入的经济体向中等偏上收入的经济体迈进；二是范围更全，不但经济、政治、文化、社会、生态无所不包，而且农村不能拖了城镇的后腿，西部地区不能拖了东部、中部地区的后腿。国家统计局为"全面建设小康社会"设计的监测指标有六个方面23项之多。监测结果显示，2010年全国全面建设小康社会的实现程度达到80.1%，比2000年提高20.5个百分点，平均每年提高2.05个百分点（见表1–2–2）。

2017年7月，在四川省德阳市中江县公益社团的帮助下，西南财经大学的10名大学生志愿者来到该县通济镇吕氏祠堂支教点，为40多名当地小学生义务授课。

表1-2-2　2000—2010年中国全面建设小康社会及在六大方面的实现程度

单位：%

	2000	2001	2002	2003	2004	2005	2006	2007	2008	2009	2010
全面建设小康社会	59.6	60.7	61.8	63.0	64.8	67.2	69.9	72.8	74.7	77.5	80.1
经济发展	50.3	52.2	54.4	56.3	58.2	60.6	63.4	66.6	69.1	73.1	76.1
社会和谐	57.5	59.6	57.1	56.3	59.9	62.8	67.6	72.1	76.0	77.7	82.5
生活质量	58.3	60.7	62.9	65.5	67.7	71.5	75.0	78.4	80.0	83.7	86.4
民主法制	84.8	82.6	82.5	82.4	83.7	85.6	88.4	89.9	91.1	93.1	93.6
文化教育	58.3	59.1	60.9	61.8	62.2	63.0	64.1	65.3	64.6	66.1	68.0
资源环境	65.4	64.6	66.3	67.2	67.7	69.5	70.6	72.6	75.2	76.8	78.2

资料来源：国家统计局科研所《中国全面建设小康社会进程统计监测报告（2011）》
http://www.stats.gov.cn/tjfx/fxbg/t20111219_402773172.htm

仔细观察"全面小康"前半程建设的具体情况，经济发展方面的进展最为突出。2000—2010年，中国的GDP总量由100280亿元增长到412119亿元，扣除价格因素，年均增长10.3%；中国的人均GDP由7942元增长到30808元，扣除价格因素，年均增长9.5%。具体情况如图1-2-1、图1-2-2所示。这一阶段取得这样的成就殊为不易，因为中国这一时期面对的形势可以说是外忧内患，挑战不断。外忧，主要是美国次贷危机引发的国际金融危机肆虐全球；内患，则是国内非典、雨雪冰冻灾害、汶川特大地震等自然灾害和重大挑战接连不断。这一时期，中国经济增长对全球经济发展的贡献十分显著。来自国家统计局的统计数据显示，2003年至2011年，中国经济年均增长10.7%，而同期世界经济的平均增速为3.9%。中国经济总量占世界经济总量的份额，从2002年的4.4%提高到2011年的10%左右；中国经济总量在世界的排序，从2002年的第6位，上升至2010年的第2位。从人均水平看，根据世界银行的报告，2010年中国的人均国民总收入

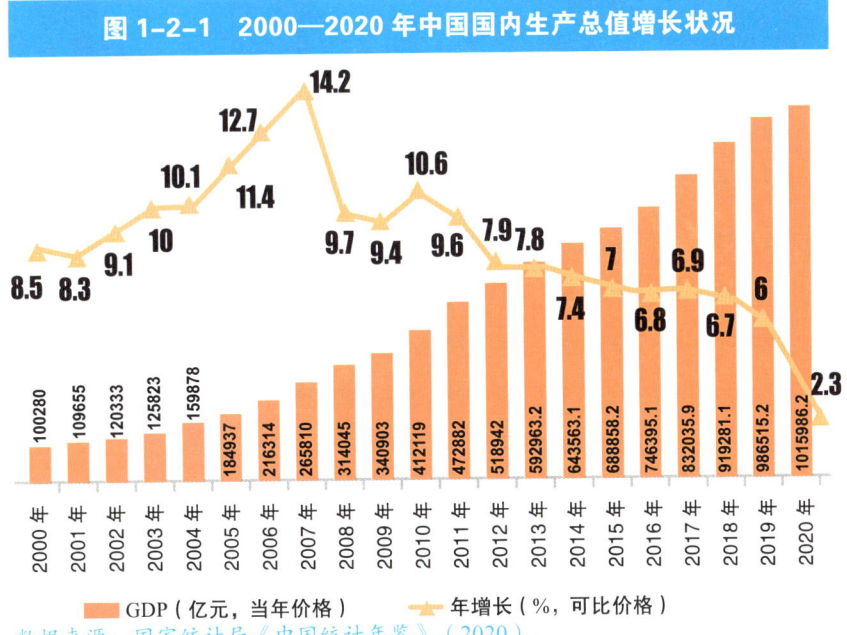

图1-2-1　2000—2020年中国国内生产总值增长状况

数据来源：国家统计局《中国统计年鉴》（2020）。

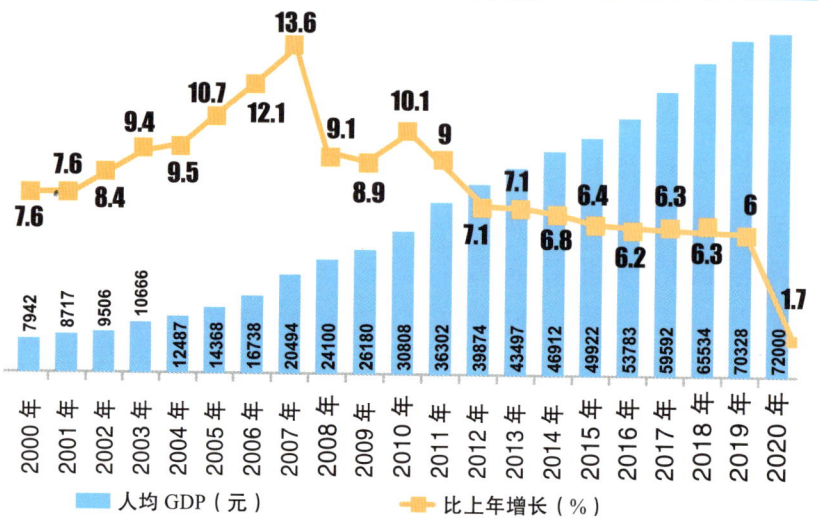

图 1-2-2　2000—2020 年中国人均国内生产总值增长状况

数据来源：国家统计局官方网站。

市场经济给中国人带来生活用品的丰富和生活理念的转变。图为志愿者在向居民发放环保袋。

为 4260 美元，虽然还不及世界平均水平的 47%，但已经首次超过世界银行当年界定的中高收入 (upper middle income，UMC) 国家 3976 美元分界线，进入中上收入经济体行列。从 2006 年到 2010 年，中国人均国民总收入增长了 1 倍多，这种发展速度是举世瞩目的。

但是，同一时期，与经济发展方面的表现相比较，中国社会发展方面的情形还不尽如人意，有几个指标甚至退步了。2000—2010年，城乡差距从99.8%倒退为70.3%，基尼系数、社会安全等均不及2000年。东部、中部、西部和东北四大区域全面建设小康社会的实现程度均有上升，但区域间差距仍然较大。放到国际层面看，中国仍然是一个发展中国家，人均GDP和消费水平均不及世界平均水平，按联合国的标准中国大约还有1.5亿贫困人口，而且经济结构不合理，公共教育和医疗服务投入不足，社会保障体系尚不健全，整体科技水平仍显落后，人均资源和能源拥有量少、供应不足但总量消耗大，环境污染严重。还应当指出，像前述这种加权综合所得出的数据并不能客观真实地反映全貌，因为它重视的是平均水平，忽视了悬殊的内部差别。缩小地区差别、城乡差别和贫富差距是建设全面小康社会的一个核心内容，解决城乡发展不均衡问题是实现工业化、信息化、城镇化、农业现代化均衡发展的焦点所在。

图 1-2-3　中国的 GDP 增长及其全球位次变化

2000—2020 年中国 GDP 在世界的排名

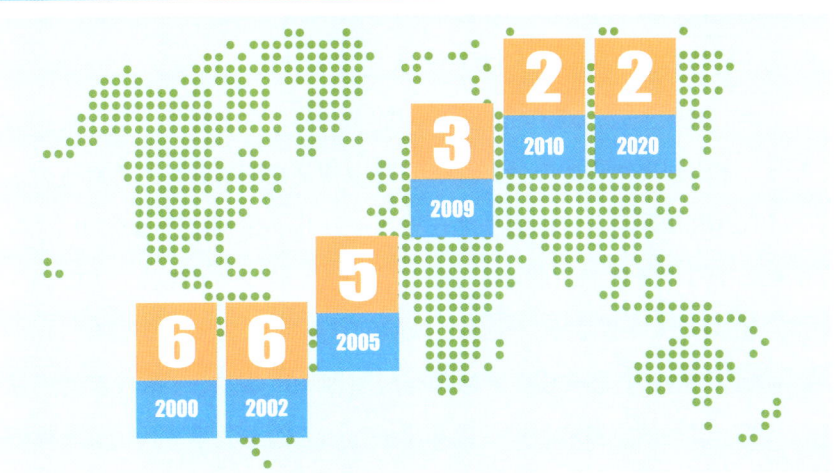

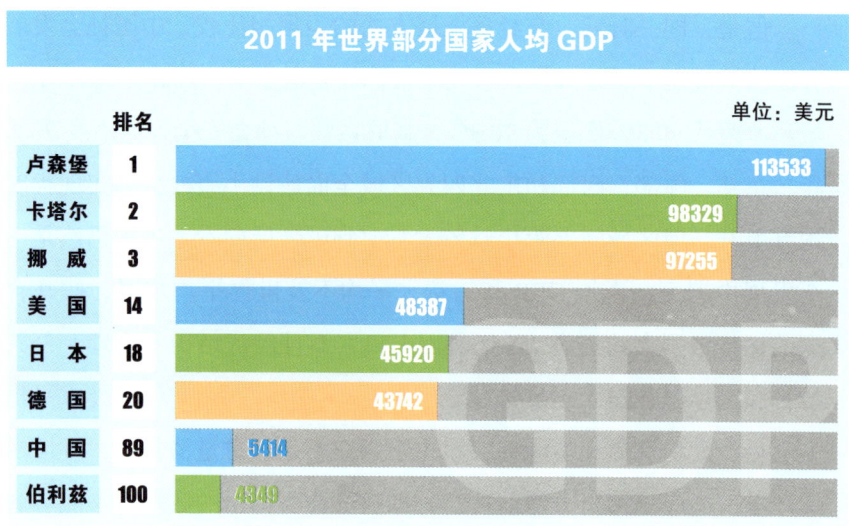

数据来源：联合国数据库、国际货币基金组织官方网站。

三、全面建成小康社会与"中国梦"

"两个一百年"的奋斗目标

总体小康也好，全面小康也罢，都是"中国式"的现代化的阶段性目标，说明现代化是中华民族的不懈追求，带领全国人民致力于实现这一目标是历史赋予中国共产党人的重大使命。

新中国成立后，以毛泽东为核心的中共第一代领导集体对于在中国实现工业化和现代化始终怀有强烈的愿望和坚定的信念，并为此进行了不懈的追求和探索。他们成功地在中国建立起一整套比较完整的国民经济体系和门类齐全的工业体系，并于20世纪五六十年代就为中国确立了在20世纪末实现农业、工业、国防和科学技术现代化的战略目标。他们所经历的曲折和失误，多数都与脱离客观规律、急于求成有关。

基于以往的经验和教训，以邓小平为核心的中共第二代领导集体调

1991年，邓小平为"863"计划实施5周年题词："发展高科技，实现产业化。"

低了目标，认为20世纪末中国所能实现的只是一个中国式的现代化，也就是较低水平的"小康社会"，到21世纪中叶也只能达到中等发达国家水平。1987年8月，邓小平在会见意大利客人时明确指出："我国经济发展分三步走，本世纪走两步，达到温饱和小康，下个世纪用三十年到五十年时间再走一步，达到中等发达国家的水平。这就是我们的战略目标，这就是我们的雄心壮志。"这个目标在全党形成共识，写入了中共十三大报告。此后，从中共十四大到十八大，都重申了这一目标，并且都在完成了或是将要完成上个阶段的目标的基础上，适时提出了下个阶段的新目标，不变的是建党100年全面建成小康社会、新中国成立100年基本实现现代化的总规划、总追求。这个总规划、总追求，用以习近平为核心的中共新一代领导集体的话讲，就是要实现国家富强、民族振兴、人民幸福的"中国梦"（参见表1–3–1）。

时间	内容	出处
1987 年	我国经济发展分三步走，本世纪走两步，达到温饱和小康，下个世纪用三十年到五十年时间再走一步，达到中等发达国家的水平。这就是我们的战略目标，这就是我们的雄心壮志。	《邓小平文选》第三卷第 251 页
中共十三大	党的十一届三中全会以后，我国经济建设的战略部署大体分三步走。第一步，实现国民生产总值比一九八○年翻一番，解决人民的温饱问题。这个任务已经基本实现。第二步，到本世纪末，使国民生产总值再增长一倍，人民生活达到小康水平。第三步，到下个世纪中叶，人均国民生产总值达到中等发达国家水平，人民生活比较富裕，基本实现现代化。然后，在这个基础上继续前进。	中共十三大报告
中共十四大	从现在起到下个世纪中叶，对于祖国的繁荣昌盛和社会主义事业的兴旺发达，是很重要很宝贵的时期。我们的担子重，责任大。在九十年代，我们要初步建立起新的经济体制，实现达到小康水平的第二步发展目标。再经过二十年的努力，到建党一百周年的时候，我们将在各方面形成一整套更加成熟更加定型的制度。在这样的基础上，到下世纪中叶建国一百周年的时候，就能够达到第三步发展目标，基本实现社会主义现代化。	中共十四大报告
中共十五大	展望下世纪，我们的目标是，第一个十年实现国民生产总值比二○○○年翻一番，使人民的小康生活更加宽裕，形成比较完善的社会主义市场经济体制；再经过十年的努力，到建党一百年时，使国民经济更加发展，各项制度更加完善；到世纪中叶建国一百年时，基本实现现代化，建成富强民主文明的社会主义国家。	中共十五大报告

表 1-3-1　改革开放以来阶段性建设目标的嬗变

时间	内容	出处
中共十五届五中全会	从新世纪开始，我国将进入全面建设小康社会，加快推进社会主义现代化的新的发展阶段。……我们已经实现了现代化建设的前两步战略目标，经济和社会全面发展，人民生活总体上达到了小康水平，开始实施第三步战略部署。这是中华民族发展史上一个新的里程碑。	中共中央关于制定国民经济和社会发展第十个五年计划的建议
中共十六大	全面建设小康社会的目标是： ——在优化结构和提高效益的基础上，国内生产总值到二〇二〇年力争比二〇〇〇年翻两番，综合国力和国际竞争力明显增强。基本实现工业化，建成完善的社会主义市场经济体制和更具活力、更加开放的经济体系。城镇人口的比重较大幅度提高，工农差别、城乡差别和地区差别扩大的趋势逐步扭转。社会保障体系比较健全，社会就业比较充分，家庭财产普遍增加，人民过上更加富足的生活。 ……	中共十六大报告
中共十七大	在十六大确立的全面建设小康社会目标的基础上对我国发展提出新的更高要求。 ——增强发展协调性，努力实现经济又好又快发展。转变发展方式取得重大进展，在优化结构、提高效益、降低消耗、保护环境的基础上，实现人均国内生产总值到二〇二〇年比二〇〇〇年翻两番。…… ……	中共十七大报告
中共十八大	根据我国经济社会发展实际，要在十六大、十七大确立的全面建设小康社会目标的基础上努力实现新的要求。 ——经济持续健康发展。转变经济发展方式取得重大进展，在发展平衡性、协调性、可持续性明显增强的基础上，实现国内生产总值和城乡居民人均收入比二〇一〇年翻一番。…… ……	中共十八大报告

时间	内容	出处
中共十八届五中全会	今后五年，要在已经确定的全面建成小康社会目标要求的基础上，努力实现以下新的目标要求。 ——经济保持中高速增长。在提高发展平衡性、包容性、可持续性的基础上，到二〇二〇年国内生产总值和城乡居民人均收入比二〇一〇年翻一番。主要经济指标平衡协调，发展空间格局得到优化，投资效率和企业效率明显上升，工业化和信息化融合发展水平进一步提高，产业迈向中高端水平，先进制造业加快发展，新产业新业态不断成长，服务业比重进一步上升，消费对经济增长贡献明显加大。户籍人口城镇化率加快提高。农业现代化取得明显进展。迈进创新型国家和人才强国行列。 ——人民生活水平和质量普遍提高。就业比较充分，就业、教育、文化、社保、医疗、住房等公共服务体系更加健全，基本公共服务均等化水平稳步提高。教育现代化取得重要进展，劳动年龄人口受教育年限明显增加。收入差距缩小，中等收入人口比重上升。我国现行标准下农村贫困人口实现脱贫，贫困县全部摘帽，解决区域性整体贫困。 ——国民素质和社会文明程度显著提高。中国梦和社会主义核心价值观更加深入人心，爱国主义、集体主义、社会主义思想广泛弘扬，向上向善、诚信互助的社会风尚更加浓厚，人民思想道德素质、科学文化素质、健康素质明显提高，全社会法治意识不断增强。公共文化服务体系基本建成，文化产业成为国民经济支柱性产业。中华文化影响持续扩大。 ——生态环境质量总体改善。生产方式和生活方式绿色、低碳水平上升。能源资源开发利用效率大幅提高，能源和水资源消耗、建设用地、碳排放总量得到有效控制，主要污染物排放总量大幅减少。主体功能区布局和生态安全屏障基本形成。 ——各方面制度更加成熟更加定型。国家治理体系和治理能力现代化取得重大进展，各领域基础性制度体系基本形成。人民民主更加健全，法治政府基本建成，司法公信力明显提高。人权得到切实保障，产权得到有效保护。开放型经济新体制基本形成。中国特色现代军事体系更加完善。党的建设制度化水平显著提高。	中共中央关于制定国民经济和社会发展第十三个五年规划的建议

时间	内容	出处
中共十九大	从十九大到二十大，是"两个一百年"奋斗目标的历史交汇期。我们既要全面建成小康社会、实现第一个百年奋斗目标，又要乘势而上开启全面建设社会主义现代化国家新征程，向第二个百年奋斗目标进军。 综合分析国际国内形势和我国发展条件，从二〇二〇年到本世纪中叶可以分两个阶段来安排。 第一个阶段，从二〇二〇年到二〇三五年，在全面建成小康社会的基础上，再奋斗十五年，基本实现社会主义现代化。到那时，我国经济实力、科技实力将大幅跃升，跻身创新型国家前列；人民平等参与、平等发展权利得到充分保障，法治国家、法治政府、法治社会基本建成，各方面制度更加完善，国家治理体系和治理能力现代化基本实现；社会文明程度达到新的高度，国家文化软实力显著增强，中华文化影响更加广泛深入；人民生活更为宽裕，中等收入群体比例明显提高，城乡区域发展差距和居民生活水平差距显著缩小，基本公共服务均等化基本实现，全体人民共同富裕迈出坚实步伐；现代社会治理格局基本形成，社会充满活力又和谐有序；生态环境根本好转，美丽中国目标基本实现。 第二个阶段，从二〇三五年到本世纪中叶，在基本实现现代化的基础上，再奋斗十五年，把我国建成富强民主文明和谐美丽的社会主义现代化强国。到那时，我国物质文明、政治文明、精神文明、社会文明、生态文明将全面提升，实现国家治理体系和治理能力现代化，成为综合国力和国际影响力领先的国家，全体人民共同富裕基本实现，我国人民将享有更加幸福安康的生活，中华民族将以更加昂扬的姿态屹立于世界民族之林。	中共十九大报告

27

"中国梦"的丰富内涵

习近平 2012 年当选中共中央总书记以来，在国内国际多个场合，结合不同工作内容就"中国梦"的具体内涵、奋斗目标、总体布局、实现路径等进行系统阐释。一时间，"中国梦"成为比"小康社会"更加热门的词汇，"中国梦"也容纳了较之"小康社会"更丰富的内容。

2012 年 11 月 29 日，习近平在参观《复兴之路》展览时指出，《复兴之路》这个展览，回顾了中华民族的昨天，展示了中华民族的今天，宣示了中华民族的明天，给人以深刻教育和启示。他说："每个人都有理想和追求，都有自己的梦想。现在，大家都在讨论中国梦，我以为，实现中华民族伟大复兴，就是中华民族近代以来最伟大的梦想。这个梦想，凝聚了几代中国人的夙愿，体现了中华民族和中国人民的整体利益，是每一个中华儿女的共同期盼。……实现中华民族伟大复兴是一项光荣而艰巨的事业，需要一代又一代中国人共同为之努力。空谈误国，实干兴邦。我们这一代共产党人一定要承前启后、继往开来，把我们的党建设好，团结全体中华儿女把我们国家建设好，把我们民族发展好，继续朝着中华民族伟大复兴的目标奋勇前进。"他表示："我坚信，到中国共产党成立 100 年时全面建成小康社会的目标一定能实现，到新中国成立 100 年时建成富强、民主、文明、和谐的社会主义现代化国家的目标一定能实现，中华民族伟大复兴的梦想一定能实现。"可见，"中国梦"的实现是与两个 100 年奋斗目标紧密联系在一起的。此后，习近平多次宣示："我们的奋斗目标是，到 2020 年国内生产总值和城乡居民人均收入在 2010 年的基础上翻一番，全面建成小康社会；到本世纪中叶建成富强、民主、文明、和谐的社会主义现代化国家，实现中华民族伟大复兴的中国梦。"中共十九大的主题便是："不忘初心，牢记使命，高举中国特色社会主义伟大旗帜，决胜全面建成小康社会，夺取新时代中国特色社会主义伟大胜利，为实现中华民族伟大复兴的中国梦不懈奋斗。"

习近平曾经对"中国梦"的内涵特别作了说明:"实现中华民族伟大复兴,是近代以来中国人民最伟大的梦想,我们称之为'中国梦',基本内涵是实现国家富强、民族振兴、人民幸福。""中国梦是一种形象的表达,是一个最大公约数,是一种为群众易于接受的表述,核心内涵是中华民族伟大复兴,可以适当拓展,但不能脱离中华民族伟大复兴这个主题,要紧紧扭住这个主题激活和传递正能量。"

"中国梦"从小了说就是"民生梦","人民对美好生活的向往,就是我们的奋斗目标"。2012 年 11 月 15 日,在新一届中央政治局常委媒体见面会上,习近平近 20 分钟的讲话,说得最多的是人民,分量最重的是民生。对老百姓来说,这么一番话尤其振奋人心:"我们

2018 年 2 月 7 日,以"盛世华灯·璀璨广安"为主题的 2018 年四川省广安市纪念改革开放 40 周年新春灯展开放。

2017年，中国观众参观体现中国历史与现状的《复兴之路》展览。

的人民热爱生活，期盼有更好的教育、更稳定的工作、更满意的收入、更可靠的社会保障、更高水平的医疗卫生服务、更舒适的居住条件、更优美的环境，期盼着孩子们能成长得更好、工作得更好、生活得更好。"这里面，一共列举了老百姓期盼的"十个更好"，可谓对接现实、顺应民情，具体而明确地向人民描绘了未来的幸福生活图景。这也是"中国梦"为我们勾勒的未来社会建设的美好愿景。十九大报告继续秉持这一精神，明确指出："必须多谋民生之利、多解民生之忧，在发展中补齐民生短板、促进社会公平正义，在幼有所育、学有所教、劳有所得、病有所医、老有所养、住有所居、弱有所扶上不断取得新进展。"

可以说，中共十八大以来，"中国梦"已经从一种形象的表达方式上升为新一届中央领导集体执政理念的高度概括，这既是因为"建成社会主义现代化强国，实现中华民族伟大复兴，是一场接力跑，我们要一棒接着一棒跑下去，每一代人都要为下一代人跑出一个好成绩。"也是因为"我们现在所处的，是一个船到中流浪更急、人到半山路更陡的时候，是一个愈进愈难、愈进愈险而又不进则退、非进不可的时候。改革开放已走过千山万水，但仍需跋山涉水，摆在全党全国各族人民面前的使命更光荣、任务更艰巨、挑战更严峻、工作更伟大。"更是因为"今天，我们比历史上任何时期都更接近中华民族伟大复兴的目标，比历史上任何时期都更有信心、有能力实现这个目标。我们完全可以说，中华民族伟大复兴的中国梦一定要实现，也一定能够实现。"

决胜全面建成小康社会

进入 21 世纪第二个十年，针对错综复杂的世界经济形势和国际体系"百年未有之大变局"，面对国内外经济双重下行压力和全面建成小康社会的突出短板，以习近平总书记为核心的党中央沉着应对，作出了中国发展仍处于战略机遇期、但经济进入新常态的重要判断，提出了创新、协调、绿色、开放、共享的发展理念，协调推进全面建成小康社会、全面深化改革、全面依法治国、全面从严治党的战略布局，开拓创新，砥砺前行，不断推动中国经济社会发展取得新的成就。精准扶贫精准脱贫成效显著，社会保障体系建立健全，社会事业全面进步，居民生活水平不断提高。经济保持中高速增长。2013—2016 年，国内生产总值年均增长 7.2%，高于同期世界 2.6% 和发展中经济体 4% 的平均增长水平。供给侧结构性改革扎实推进，转型升级步伐加快，发展迈向中高端水平。2016 年，人均国民总收入（GNI）达到 8260 美元，在世界银行公布的 216 个国家（地区）人均 GNI 排名中，中国由 2012 年的第 112 位上升到 2016 年的第 93 位。

2017 年召开的中共十九大宣布中国特色社会主义进入新时代，中国社会主要矛盾已经转化为人民日益增长的美好生活需要和不平衡不充分的发展之间的矛盾，同时强调了"我国仍处于并将长期处于社会主义初级阶段的基本国情没有变，我国是世界最大发展中国家的国际地位没有变。"重申了如期全面建成小康社会的要求，并进而分两个阶段安排了 2020 年至本世纪中叶的建设目标：第一个阶段，从 2020 年到 2035 年，在全面建成小康社会的基础上，再奋斗 15 年，基本实现社会主义现代化；第二个阶段，从 2035 年到本世纪中叶，在基本实现现代化的基础上，再奋斗 15 年，把中国建成富强民主文明和谐美丽的社会主义现代化强国。在这个安排中，把基本实现现代化的目标提前了 15 年，一方面说明中国发展的成就巨大，超出了预期；另一方面也表明未来中国发展的潜力仍然很大，长期向好的态势没有改变。同时，在表述奋斗目标时对应生态文明建设，增加了"美丽"二字，并把"社会主义现代化国家"改为"社会主义现代化强国"，使概念更完整，内涵更丰富，目标要求也更高。

从中共十九大到 2020 年，是中国全面建成小康社会决胜期。党中央提出，要突出抓重点、补短板、强弱项，坚决打好防范化解重大风险、精准脱贫、污染防治三大攻坚战，使全面建成小康社会得到人民认可、经得起历史检验。

三大攻坚战中，精准脱贫的成效尤其令世人瞩目。精准扶贫、精准脱贫从十八大之后就开始了，持续了 8 年，习近平非常看重农村贫困人口全部脱贫这个全面小康的标志性指标，反复强调：小康不小康，关键在老乡。近 8 年来，党中央把脱贫攻坚摆在治国理政突出位置，团结带领全党全国各族人民，采取了一系列具有原创性、独特性的重大举措，组织实施了人类历史上规模最大、力度最强、惠及人口最多的脱贫攻坚战。经过持续奋斗，脱贫攻坚取得全面胜利，现行标准下近 1 亿农村贫困人口全部脱贫，贫困县全部摘帽，困扰中华民族几千年的绝对贫困问题得到历史性解决，书写了人类减贫史上的奇迹。而这一任务又完成在遭遇了突如其来的新冠肺炎疫情肆虐和全球性经济衰退的 2020 年，就更是奇迹中的奇迹。

2020年，在中共中央的正确领导下，全国人民上下同心、戮力前行、顽强拼搏，不但率先取得疫情防控的阶段性胜利，最大限度保护了人民生命安全和身体健康，而且保住了经济基本盘，率先实现复工复产，成为全球唯一实现经济正增长的主要经济体。按初步核算，2020年，中国国内生产总值达101.6万亿元，占世界经济比重预计达到17%左右，稳居世界第二位。人均国民总收入（GNI）连续两年突破1万美元，按世界银行标准达到中高收入国家水平。粮食产量连续6年稳定在6.5亿吨以上，基础设施日益完善，制造业增加值多年位居世界首位，220多种工业产品产量居世界第一。同时，中国还是世界第一货物贸易大国、第一外汇储备大国，拥有世界最大规模中等收入群体，并且正在成为科技创新大国。

人口和社会结构的趋势性变化

　　中国是世界上人口最多的巨型发展中经济体，这句话完整准确地概括出了进入 21 世纪以来的中国国情：

　　——首先，中国是世界上人口最多的国家，人口总量增长率低但基数巨大，经济发达程度有限但老年人口规模巨大，城市化水平不算高但流动人口规模巨大，这三个"巨大"是进入 21 世纪以来中国人口发展的主要态势。此外还有出生性别比问题，既是难题，也是隐患。

　　——其次，中国是一个发展中大国，这个"发展中"不但体现在经济上，也体现在社会上；这个"大国"不但体现在人口众多、幅员辽阔、经济和市场规模巨大上，也体现在地区、城乡、阶层发展的差异上。

　　中国转型期人口和社会结构的趋势性变化将会极大地影响未来的社会变迁。

一、人口和家庭的结构性变化

人口低增长与"人口红利"出现拐点

中国在 20 世纪 90 年代就已经快速实现了人口再生产类型的转变，从高出生率、低死亡率、高增长率的"两高一低"过渡型转变为接近发达经济体的低出生率、低死亡率、低增长率的现代型，总和生育率低于更替水平。进入 21 世纪以来，人口出生率降到了 11.9‰至 14.03‰的区间，人口自然增长率从 1998 年开始就一直在不断下降的个位数运行，呈平滑下降的惯性增长态势，每年新增人口 700 多万（参见图 2-1-1）。年末人口数，2016 年为 13.83 亿人，比 2000 年增长 1.15 亿人。2020 年为 14.12 亿人，比 2000 年增长 1.45 亿人。自 20 世纪 80 年代以来人口增长水平的迅速降低在很大程度上减缓了新增人口对发展成果的稀释作用（包括对资源与环境的压力）。时至今日，中国依然保持着世界第一人口大国的地位，其经济总量虽然已经"超日赶美"，但按人均水平衡量仍只能排在全球 70 名左右的相对靠后的位置。

中国 20 世纪 80 年代初推行的计划生育政策，在大大减少了新增人口规模的同时，迅速改善了人口年龄结构，由此节约下来的巨额人口抚养费用就部分地构成了所谓"人口红利"。2010 年 15—59 岁的人口有 9.4 亿人，占总人口的 70%，显示劳动年龄人口规模庞大，劳动力资源充足。不过自 2012 年以来，中国劳动年龄人口已经开始持续减少，到 2020 年减到 8.9 亿人，预计到 2035 年劳动年龄人口将保持在 8 亿人左右。综合考察人口抚养比（2010 年触及谷底）和劳动年

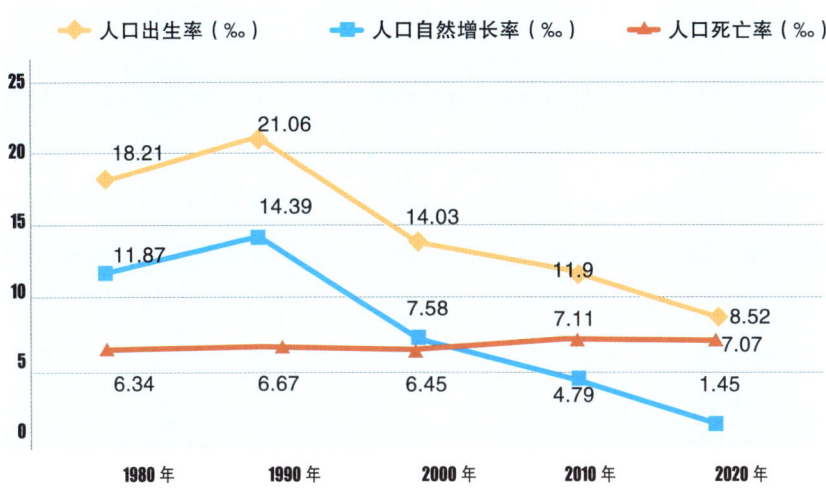

图 2-1-1　若干年份的人口出生率、死亡率和自然增长率

人口出生率（‰）　　人口自然增长率（‰）　　人口死亡率（‰）

2015 年，中共十八届五中全会作出"全面实施一对夫妇可生育两个孩子政策"的决定，至此，实施了 30 多年的独生子女政策正式宣布终结。图为中国一户普通家庭在看电视。

龄人口增长走势，中国的"人口红利"期已经出现了一个"拐点"，但这只是从数量上看，考虑到中国的经济正在转型，劳动生产率还远低于发达经济体，中国的"人口红利"还有巨大的潜力，还会维持相当长一段时期。

　　为改善人口年龄结构，2015 年中共十八届五中全会作出"全面实施一对夫妇可生育两个孩子政策"的决定，至此，实施了 30 多年的独生子女政策正式宣布终结。但是从"二孩政策"实施效果来看，出生率下降的趋势仍在持续，距离 1.8 的总和生育率预期目标较远，2020 年的总和生育率为 1.3，只比 2010 年提高 0.12 个百分点。在此情况下，2021 年中央进一步优化生育政策，实施一对夫妻可以生育三个子女政策。

面对婚姻、后代，今天的人们有了更多的思考。

人口快速老龄化与家庭养老功能弱化

从人口年龄结构的演变趋势上看，与人口出生率、总和生育率下降相伴随的，是少儿抚养比的减小和老年抚养比的相对增大。图2-1-2显示，从1982年至2010年，少儿抚养比由54.6%快速下降到22.3%，老年抚养比由8%上升至11.9%。此后，老年抚养比急速上升，2020年由于"二孩政策"因素，少儿抚养比较之2010年回升了不到

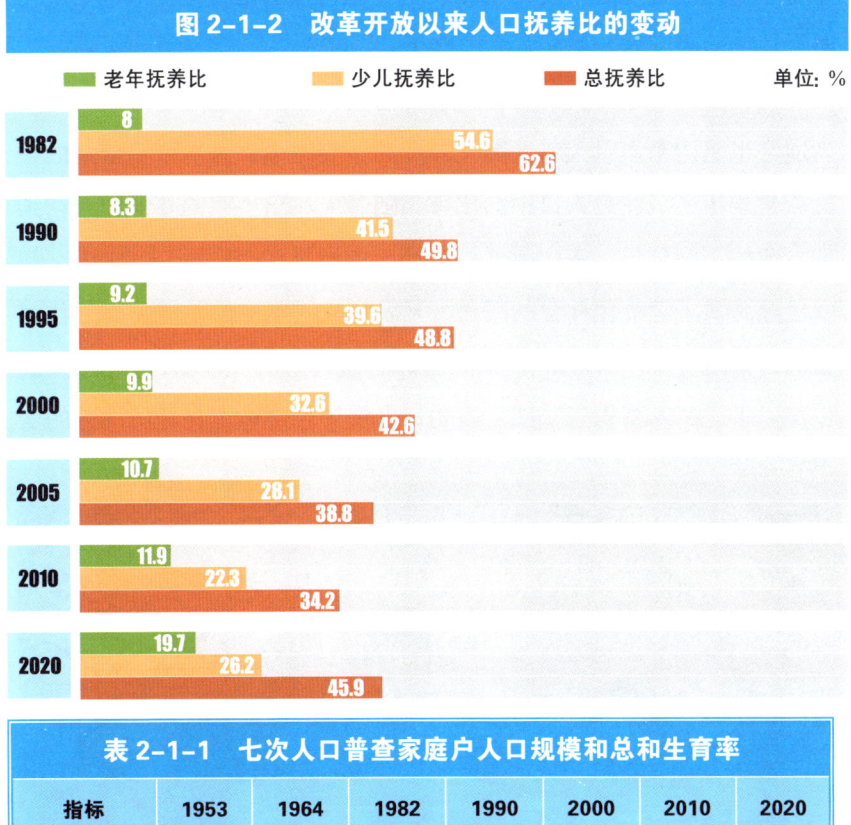

图 2-1-2　改革开放以来人口抚养比的变动

| 老年抚养比 | 少儿抚养比 | 总抚养比 | 单位：% |

年份	老年抚养比	少儿抚养比	总抚养比
1982	8	54.6	62.6
1990	8.3	41.5	49.8
1995	9.2	39.6	48.8
2000	9.9	32.6	42.6
2005	10.7	28.1	38.8
2010	11.9	22.3	34.2
2020	19.7	26.2	45.9

表 2-1-1　七次人口普查家庭户人口规模和总和生育率

指标	1953	1964	1982	1990	2000	2010	2020
家庭户规模（人/户）	4.33	4.43	4.41	3.96	3.44	3.1	2.62
总和生育率	6.05	6.18	2.86	2.31	1.23	1.18	1.3

数据来源：《中国人口和就业统计年鉴》（2007），《第五次人口普查数据》，《中国2010年人口普查资料》，《中国2020年人口普查资料》。

8个百分点,而同期老年抚养比则上升了接近 4 个百分点。而且,伴随妇女总和生育率下降的是家庭户人口规模的不断缩小,2020 年第七次人口普查时的家庭户人口规模为 2.62 人,比 2010 年第六次人口普查时减少 0.48 人(参见表 2-1-1)。

从发达国家的经验来看,随着工业化和城市化水平的不断提高,人口流动性的增强,家庭户人口规模未来仍有可能减小。而这种家庭小型化的趋向也使得家庭的功能发生变化,特别是当面临人口老龄化时,传统的家庭养老功能大大削弱了。

人口结构中老年抚养比上升意味着人口年龄中位数的升高,而后者通常也是用来衡量人口老龄化程度的重要指标,另一个更常用的指标就是老年人口在总人口中的比重。随着人口出生率的降低和人均预期寿命的不断延长,按国际通行标准,中国早在 20 世纪末 21 世纪初就已经跨入了老龄化社会的门槛,是发展中国家中较早进入老龄化社会的国家之一(人口老龄化通常是发达经济体的普遍现象,而进入 21 世纪以来,"未富先老"现象表明,发展中经济体也在经历同样的变

家庭是中国社会的基石。

化）。从全球来看，发达国家老龄化进程长达几十年至 1 个世纪，如法国用了 115 年，瑞士用了 85 年，英国用了 80 年，美国用了 60 年，而中国只用了 18 年 (1981—1999 年)。中国第七次人口普查数据显示，2020 年 65 岁及以上人口占 13.50%，同期世界平均水平逾 9%，中国的增长速度和比重两方面都超过了世界平均水平。

由于人口基数大、预期寿命较高、老龄化呈加速态势，中国很快成为世界上老年人口最多的国家。2020 年中国 65 岁以上老龄人口达 1.90 亿人，约占全世界老龄人口 7.12 亿人的 24%，全世界每 4 个老年人中就有 1 个是中国老年人。从另一个指标看，2015 年，中国人口年龄中位数为 37 岁，即一半的中国人年龄小于 37 岁，而另一半则大于 37 岁。比较而言，这一数字似乎比日本的 46.5 岁、德国的 46.2 岁等要年轻不少，然而这并不意味着发达国家人口老龄化的趋势比中国更严重。联合国 2015 年《全球人口展望报告》作出的预测显示，到 2050 年，中国人口年龄中位数将高达 49.6 岁，接近日本同期 53.3 岁的水平，而瑞典、英国、美国等欧美国家依然才 40 岁出头。联合国最新的人口预测显示，中国总人口的年龄中位数从 1970 年的 19.3 岁提高到 2017 年的 37.6 岁，超过 2017 年世界平均年龄中位数 30.1 岁；到 2040 年，中国人口年龄中位数将超过欧洲平均值 46.9 岁，此后几十年内将处在全球最高水平。

在发展中国家，大多数老年人与自己的成年子女一起生活。这种情况在亚洲和非洲占 60 岁或以上老年人的 3/4，在拉丁美洲占 2/3，老年人独居的比率相对来说还比较低。中国自古就有"养儿防老"的传统，直到今天，大约农村仍有六成（含有子女外出打工的家庭）、城市接近半数的父母与子女相伴。也就是说，家庭养老一直是中国的主要养老方式和养老制度；在农村，因为大都没有正规的退休制度和社会保障机制，来自子女的供养更是绝大多数父母失去劳动能力后的主要寄托。中国《宪法》规定，成年子女有赡养扶助父母的义务。《婚姻法》规定，父母对

中国人口老龄化加速。

子女有抚养教育的义务；子女对父母有赡养扶助的义务。《老年人权益保障法》更是明确规定："老年人养老主要依靠家庭，家庭成员应当关心和照料老年人。"还规定"赡养人应当履行对老年人经济上供养、生活上照料和精神上慰藉的义务，照顾老年人的特殊需要。"但是，这种养老体制正在受到来自家庭小型化和人口老龄化两股潮流的日益严重的冲击。尤其是对独生子女户来说，他们所要面对的可能是一个"421"家庭结构：父母4人，孩子1人，夹在中间的是不堪重负的夫妇2人。于是，越来越多的父母主动地选择了空巢或被动地走向了空巢。2000年，根据全国第五次人口普查，有65岁及以上老年人的家庭户占全国家庭户总数的20.09%（即1/5），其中空巢家庭户占22.83%，空巢家庭户中单身老人户占11.46%。这一次人口普查数据没有提供有60岁及以上老年人的家庭户的资料。据全国老龄办介绍，2012年，中国城市老年人"空

中国的"421"家庭结构

巢家庭"比例近半（49.7%）；农村老年人"空巢家庭"比例上升也很快，达到了 38.3%。

偏高的出生性别比

出生人口性别比偏高是 20 世纪 80 年代以来中国人口自然结构出现的比较突出的问题，1980 年就突破正常值的上限达到 107.11，此后一路上扬，2000 年第五次人口普查时为 116.9，2008 年达到最高值 120.56，经过政府和社会各界的共同努力，从 2009 年开始出现掉头下行的走势，2010 年第六次人口普查时为 117.94。2018 年发布的《中国儿童发展纲要（2011—2020 年）》统计监测报告显示，2017 年中国出生人口性别比为 111.9，仍高于国际标准的上限水平。2020 年第七次人口普查时为 111.3，较 2010 年下降 6.8，从这次的数据看来，

2015年3月8日，四川省泸州市志愿者在大街上徒步宣传"男女平等"基本国策，共度"三八"妇女节。图为志愿者在墙上签名。

中国的性别状况在改善，但依然是失衡的。这30余年积累下来的男女性别比失调问题，将随着这批人口逐渐成年而显现出来。中国社会科学院发布的2010年《社会蓝皮书》指出，中国19岁以下年龄段的人口性别比严重失衡，到2020年，处于婚龄的男性人数将比女性多出1700万人。经测算，届时将有上千万适龄男性面临"娶妻难"。而且，"娶妻"的难易程度还依照地区的贫富程度不同而变化。随着网上征婚的流行和出境旅游的便利，"进口新娘"的现象也逐渐增多。

二、大规模的人口流动和人口迁移

以农民工为主体的人口流动

改革开放以来10多亿中国人最突出的变化，莫过于空前的波澜壮阔的人口流动。由于中国正处在城市化加速发展时期，迄今国内人口流动的大趋势是从农村流向城市、由中西部地区流向东南沿海地区。

依据 2005 年 1% 抽样调查资料, 14735 万流动人口分布在全国所有的省 (市、区), 几乎找不到没有流动人口的地方。在各个省 (市、区) 中, 河南省是流入人口占当地总人口比例最低的地区, 尽管如此, 流动人口在该省常住总人口中所占比例也达到 2.52%。部分沿海城市和经济发达地区则集中了大部分流动人口。上海、广东、北京、浙江、福建接收的流动人口占当地常住总人口比例分别高达 34%、26%、23%、20% 和 19%。在这些省 (直辖市), 平均每 5 个人甚至每 3 个人中就有 1 个流动人口。第七次人口普查的人口数据与第六次人口普查相比, 广东在全国总人口中的比重从 7.79% 上升到 8.93%, 人口过亿。北京的比重从 1.46% 上升到 1.55%, 上海从 1.72% 上升到 1.76%, 浙江从 4.06% 上升到 4.57%。

流动人口的主力军是农民工。2005 年中国流动人口的规模是 1.47 亿人, 占当时全国总人口的 11.3%; 其中外出就业的农民工约为 1.2 亿人, 占流动人口总量的八成左右。2012 年的流动人口数量为 2.36 亿人 (相

2019 年 2 月 20 日, 北京火车站站前广场密集的春运客流。当日, 北京迎来上班流、务工流和学生流"三流"合一的返程客流高峰。

图 2-2-1 农民工总量及其外出农民工数量（2008—2020 年）

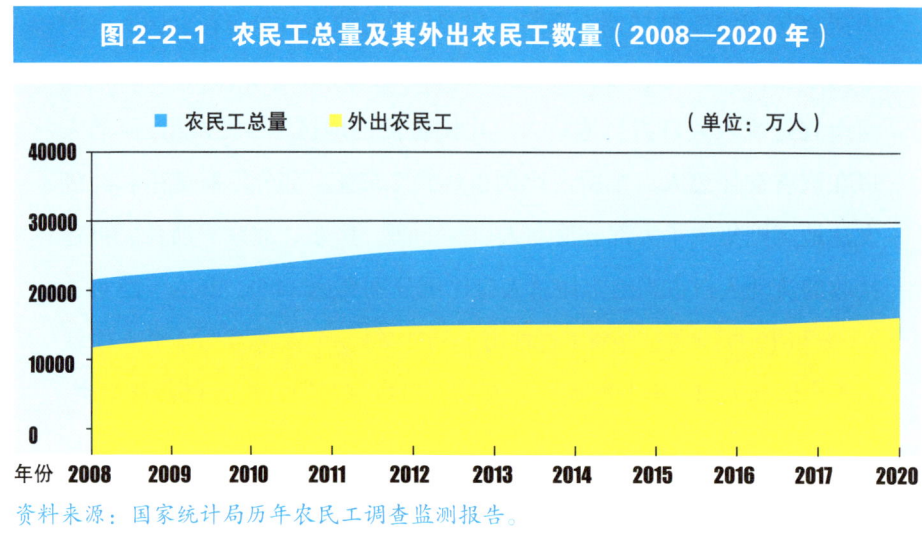

资料来源：国家统计局历年农民工调查监测报告。

当于每 6 个中国人中有 1 个是流动人口），农民工总量达 2.63 亿人，其中外出农民工 1.63 亿人。2016 年的流动人口数量为 2.45 亿人，农民工总量 2.82 亿人，其中外出农民工 1.69 亿人。2020 年的流动人口数量为 3.75 亿人，农民工总量 2.85 亿，其中外出农民工 1.69 亿人。近年来由于农村剩余劳动力减少、本地就业岗位增多，跨省外出的农民工持续减少，但仍占流动人口总量的六至七成。当然东部地区的农民工向来是以省内流动为主。

中国特色的城镇化进程

外出农民工主要流向城镇。以 2015 年为例，在外出农民工中，流入地级以上城市的农民工 11190 万人，占外出农民工总量的 66.3%。其中，8.6% 流入直辖市，22.6% 流入省会城市，35.1% 流入地级市。跨省流动农民工 80% 流入地级以上大中城市，省内流动农民工 54.6% 流入地级以上大中城市。

中国改革开放以来，城镇化已是大势所趋。2020 年，城镇常住人口已经达到 9.01 亿人，比 1978 年末增加 7.29 亿人，年均增加 1649

万人；常住人口城镇化率达到63.89%，比1978年末提高约46个百分点，年均提高1.07个百分点。但是户籍城镇化率只有45.4%，被统计进城镇人口总量的流动人口多数是还保留着农村户口的农民工，属于"被城市化"人口。

中共十六大（2002年）以来逐渐形成发展新型城镇化的新思路，力图通过改革户籍制度有序地解决"被城市化"人口的市民化问题。不过，迈出这一步并不容易，因为在中国，户籍是城乡二元体制的核心所在，附着在上面的是一整套不平等的社会福利待遇，被纳入城镇常住人口统计的农民工及其家属在就业、教育、医疗卫生、保障性住房等方面与城镇户籍居民相差甚远。取消户籍排斥，意味着对流动人口完全实行属地化管理，实现基本公共服务均等化。考虑到流动人口的数量和各地的承受能力，为防止出现一些国家城市化过程中的"贫民窟"现象，这样的改革需要经历一个渐进的过程。根据2014年出台实施的国家新型城镇化规划，计划促进1亿人农业转移人口落户城镇，引导1亿人在中西部地区就近城镇化，改造约1亿人居住的城市

农民工外出打工，主要是在以体力劳动为主的建筑业、制造业和服务业。

表 2-2-1 2020 年外出农民工地区分布及构成					
按输出地分	**外地农民工总量（单位：万人）**			**构 成（单位：%）**		
	外出农民工	跨省流动	省内流动	外出农民工	跨省流动	省内流动
合计	16959	7052	9907	100.0	41.6	58.4
东部地区	4624	719	3905	100.0	15.5	84.5
中部地区	6210	3593	2617	100.0	57.9	42.1
西部地区	5490	2557	2933	100.0	46.6	53.4
东北地区	635	183	452	100.0	28.8	71.2

资料来源：国家统计局《2020 年农民工调查监测报告》。

棚户区和城中村，这就是时下人们常说的"三个 1 亿人"城镇化方案。这"三个 1 亿人"，前两个"1 亿人"的主体都是农民工，后一个"1亿人"的相当一部分也是农民工。如今，这一任务正顺利完成。

农村与剩余劳动力转移相伴随的空心化和老龄化、空巢化

以农民工为主体的人口流动是一种由农村向城镇的单向流动，本质上属于农村剩余劳动力转移，而且这些劳动力绝大多数是男性青壮年劳动力，这些青壮年人口的大量流出在很大程度上促成并加速了农村的空心化和人口老龄化、家庭空巢化。以 2015 年为例，外出农民工中在务工地独立租赁住房的占 18.9%，自购住房的占 1.3%，其他绝大多数或者居住在单位宿舍，或者选择与他人合租，或者直接居住在生产经营场所；其在农村的住房不少处于空置状态。年轻人出去后，平日里留在乡下的是分别达数千万的老年人口、妇女和儿童。《农民日报》2012 年 3 月 31 日的一篇报道称，在农村人口中，留守儿童、留守老人、留守妇女分别达到 5000 万人、4000 万人、4700 万人。而

全国妇联 2013 年发布的《全国农村留守儿童、城乡流动儿童状况研究报告》显示，根据 2010 年全国第六次人口普查资料推算，光是农村留守儿童就有 6102.6 万人，占所有农村儿童比重达 37.7%，占全国儿童的比例为 21.9%。农村老年人的养老问题、农民工的家庭生活和妇女发展问题，以及留守儿童的抚养、教育和成长问题，同样是中国城市化进程中社会治理方面一道亟待破解的难题。

值得指出的是，近年来伴随新型城镇化的有力推进，农村留守人口已在持续减少，据民政部摸底排查，2016 年农村留守儿童已经减少到 902 万人。或许此前的估算水分很大，但是显然外出务工人员已经更多地选择以家庭为单位，更多地选择将来不再回乡下居住。与此同时，农村不但人口老龄化问题远比城镇严重，而且随着年龄的增长，劳动力老化问题愈加突出了，以致出现了将来"无人种地"之

2017 年 1 月，青海的青联委员为近百名农民工子女兑现新年愿望。图为孩子们将新春愿望粘贴在"新春愿望树"上。

虞。2006 年的第二次全国农业普查显示，全国农业从业人员中 50 岁以上的占 32.5%。而据媒体报道，中西部一些地区 80% 的农民都是 50—70 岁的老人。时至今日，村里留守的妇女也陆续出去了，而原本五六十岁的留守老人也逐渐失去劳动能力，于是就产生了越来越多的耕地流转和耕地抛荒并存现象。培养新型农民、开展适度规模经营势在必行，也是中国推进农业现代化的必由之路。

乡村的减少和振兴

城镇化的过程必然是农村人口减少、农村居民点消亡的过程。2011 年的一则报道称：2005 至 2009 年，中国农村人口大量减少，平均每天有 20 个行政村消失，每年减少 7000 个村委会。到 2011 年，中国的城镇化率首次超过 50%，第一产业从业人员占比也下降到 34.8%（约 2.66 亿人），过去我们常说的"十亿人口八亿农民"的基本国情早已成为历史。2012 年的一则报道称：中国城镇化导致农村人走房空，潜在面积达上亿亩。社会学家李培林在《从"农民的终结"到"村落的终结"》一文里是这样描述的：

> 在 1990 年到 2010 年的 20 年时间里，我国的行政村数量，由于城镇化和村庄兼并等原因，从 100 多万个，锐减到 64 万多个，每年减少 1.8 万个村落，每天减少约 50 个。它们悄悄地逝去，没有挽歌、没有诔文、没有祭礼，甚至没有告别和送别，有的只是在它们的废墟上新建的奠基、落成仪式和伴随的欢呼。

为了更加直观地显示这种村落的减少状况，笔者将村民委员会的单位数及其基本走势列表图示如下（见表 2-2-2、图 2-2-2）：从中可以看出，从 2000 年到 2019 年，在城镇化加速的大背景下，伴随村民委员会单位数趋于减少的同时，是城镇社区居民委员会单位数的日

2018 年 9 月 1 日，安徽省合肥市淝河镇卫乡村进行第十届村民委员会换届选举大会，经投票选出了自己心中的"当家人"。

益增长，前者从 734715 个减少到 533073 个，后者从 108424 个增加到 109620 个。

今后一段时期，伴随着留守老人的陆续退出，农村居民点的消亡还会加快。近年来，各地结合大力开展社会主义新农村建设，大力开展精准扶贫、精准脱贫攻坚战，有意识地撤村并乡，减少了一些比较分散、生产和生活条件比较差的农村居民点。农村居民点的减少是必然趋势，农业人口的减少也是农业现代化的客观需求。可是问题在于，我们花了很大的成本、付出很大的代价建起来的新居民点的可持续性许多是成问题的，因为它多半不是城乡建设统一规划的产物，因为它还不具备条件将外出打工的年轻人吸引回来，同时也没有将农村养老问题很好地就地解决。

中共十九大提出的振兴乡村战略，说到底是要在城镇化、现代化的同时，实现城乡融合发展，也就是说要将实现新型城镇化与乡村现

表 2-2-2　中国历年基层自治组织单位数变动情况
（2000—2019 年）

	2000 年	2006 年	2012 年	2014 年	2019 年
村民委员会单位数（个）	734715	631184	588407	585451	533073
社区居民委员会单位数（个）	108424	80717	91153	96693	109620

数据来源：国家统计局官网。注意：2000 年左右社区规模因体制变动而有所调整。

图 2-2-2　中国历年基层自治组织单位数变动趋势（2000—2019 年）

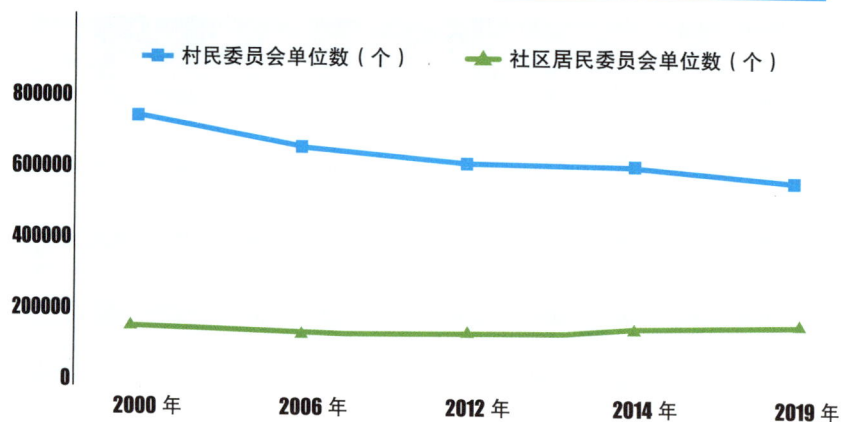

数据来源：国家统计局官网。注意：2000 年左右社区规模因体制变动而有所调整。

代化对接起来，通盘考虑。与新型城镇化发展通盘考虑的新农村建设，着眼点不在于简单的盖楼修房，而在于建立起一整套城市和乡村人、财、物双向交流的机制，改变现在这样的农村青壮年劳动力向城镇的单向流动状况。也就是说，首先要实现基本公共品城镇和乡村全覆盖、均等化，这些基本的公共品既包括路、水、气、环保、电网、物流、信息、广播电视等基础设施的互联互通，也包括就业、教育、医疗、住房、社会保障体系的完善和统一，然后才是农村人居环境的改善。

2020 年 3 月 12 日，河南省许昌市鄢陵县马坊镇前陈村房屋鳞次栉比，景色秀美。

所以，落实振兴乡村战略要规划在先，要一张蓝图绘到底，做好统筹城乡这篇大文章，尽可能做到以城带乡、整体推进、城乡一体、均衡发展。

工程移民和生态移民

除了上述常态化的人口流动以外，中国还有大量的工程移民和生态移民。

迄今工程移民最多的莫过于三峡工程，持续 18 年之久，至 2010 年宣告结束，共安置移民 139.76 万人。紧随其后的或许就是世界上最大的跨流域生态调水工程——南水北调工程了，一期工程涉及搬迁人口约 44 万人，生产安置人口 57 万人。2012 年 9 月湖北省丹江口水库 18 万移民搬迁安置工作全面完成，也标志着南水北调中线库区 34 万移民搬迁全部结束。据统计，截至2011年，中国先后兴建了8.6万多座水库，其中大中型水库和水电站5000余座，享受后期扶持政策的移民2365万人，加上小水库移民，全国大约有4000多万库区移民。水库移民问题已成为事关水利水电事业可持续发展、事关库区社会稳定的重大民生问题和社会问题。

　　生态移民是帮助生态环境恶劣地区居民脱离贫困的重要途径，同时也是维护人口承载能力脆弱地区生态环境可持续的重要手段。1983年的"三西吊庄移民"开了移民扶贫的先河。2001年，在内蒙古、贵州、云南、宁夏4省（自治区）开展易地扶贫搬迁试点，随后又陆续扩大到全国17个省（自治区、直辖市）。2003年，中国政府为保护三江源地区生态环境而实施的第一个生态移民工程——青海省玛多县扎陵湖乡退牧还草生态移民工程开始在青海实行。此后，国家发展改革委设立了中央预算内投资专项支持易地扶贫搬迁，形成了稳定的投入渠道，资金支持总量和户均补助标准逐步增加。在国家易地扶贫搬

2012年9月，湖北省十堰市移民新村正式建成和入住，标志着为期3年的南水北调中线工程移民安置工作完成。

2017 年 1 月 15 日，四川遂宁首个易地扶贫搬迁集中安置点实现入住。

迁工程的示范带动下，陕西、重庆等省市结合当地实际，统筹各方资源，实施生态移民、避灾搬迁等搬迁工程。2011 年，计划历时 10 年、投资逾千亿元，被称为新中国成立以来"搬迁之最"的"陕南地区移民搬迁安置"和"陕北白于山区扶贫移民搬迁"工程正式启动，分别涉及搬迁居民 240 万人和 39.2 万人，规模几乎两倍于三峡库区移民。2001 年至 2015 年，全国累计安排易地扶贫搬迁中央补助投资 363 亿元，支持地方搬迁贫困群众 680 多万人。"十三五"时期，国家通过易地扶贫搬迁方式搬迁了 960 多万人，实现了全面脱贫。

涉外人口流动

20 世纪 90 年代中后期，中国的人口流动开始涉足国外劳务市场。据《中国贸易外经统计年鉴》（2011），2001—2010 年，由国家专业公司和地方公司派出的对外承包工程人数共计 190.16 万人，对外劳务合作人数 446.07 万人，总计对外输出劳动力达 636.23 万人。联合国 2017 年公布的一份调查报告显示，中国的海外务工人数可能将近

1000 万。外派劳工对国内的汇款总额达 610 亿美元（约人民币 4000 亿元），居全球第二。

前来中国投资、经商、留学、交流的外国人士也逐年增多。据中国与全球化研究中心发布的《中国国际移民报告》(2012) 披露，截至 2010 年底，在中国境内短期和长期居留外籍人员已超过 102 万人。最新的数据显示，截至 2016 年，中国境内常住外国人口达到 80 万人，滞留非法外国人数量超 100 万人，留学生数量 44 万人，获得中国"绿卡"外国人员 11000 人，外国人在部分城市已经形成聚居区。

同一时期，中国居民出国留学、移居海外的也越来越多。中国目前是世界上最大的留学生生源国。改革开放 40 多年来，各类出国留学人员累计已达 519 万人，学成回国 313 万人，目前有逾 145 万人正在国外进行相关阶段的学习和研究。同期中国在国际移民输出排行榜上同样位居前列，也是世界上接受侨汇最多的国家。根据中国社会科

2015 年 7 月，第十五届华侨华人创业发展洽谈会举行重点项目签约仪式，37 个重点项目进行集中签约。大批海外高层次人才携项目入驻留学生创业园。

2018 年 9 月 10 日，第十七届中国西部海外高新科技人才洽谈会开幕。图为与会嘉宾参观四川引进海外人才成果展。

学院 2017 年发布的《全球政治与安全》报告显示，中国目前已成为世界上最大的移民输出国，海外侨胞的数量已超过 4500 万人，绝对数量稳居世界第一。

三、职业分类和阶层分化

改革以来至新世纪初的职业细分

在开放的市场经济环境下，就业结构会随着产业结构的转换不断调整。与此同时，科技进步和产业升级，以及市场化和社会化的相互促进，导致社会分工越来越细，人们的职业结构也会发生频繁的变动。这一点在改革开放以来的中国表现得非常突出。1999 年颁布的《中华人民共和国职业分类大典》突破了过去以行业管理机构为主体，以归口部门、单位甚至用工形式来划分职业的传统模式，采用了以从业人

2018 年中国职业院校技能大赛在天津开赛。

员工作性质的同一性作为职业划分标准的新原则，首次对全社会的职业进行了科学规范的划分和归类，全面反映了中国改革以来的社会职业结构。该版《大典》把中国的职业划分为由大到小、由粗到细的大类（8 个）、中类（66 个）、小类（413 个）、细类（1838 个）四个层次。细类为最小类别，亦即职业。8 个大类分别是：

第一大类：	国家机关、党群组织、企业、事业单位负责人，其中包括 5 个中类、16 个小类、25 个细类；
第二大类：	专业技术人员，其中包括 14 个中类、115 个小类、379 个细类；
第三大类：	办事人员和有关人员，其中包括 4 个中类、12 个小类、45 个细类；

第四大类：	商业、服务业人员，其中包括8个中类、43个小类、147个细类；
第五大类：	农、林、牧、渔、水利业生产人员，其中包括6个中类、30个小类、121个细类；
第六大类：	生产、运输设备操作人员及有关人员，其中包括27个中类、195个小类、1119个细类；
第七大类：	军人，其中包括1个中类，1个小类、1个细类；
第八大类：	不便分类的其他从业人员，其中包括1个中类，1个小类、1个细类。

从职业结构看，上述职业分布有三个特点：（1）技术型和技能型职业占主导。占实际职业总量的60.88%的职业分布在"生产、运输设备操作人员及有关人员"这一大类，分属工业生产的各个主要领域，工作内容以技术型和技能型操作为主。（2）第三产业职业比重较小，仅占实际职业总量的8%左右。三大产业中的职业分布，以第二产业的职业比重最大。（3）知识型与高新技术型职业较少。现有职业结构中，属于知识型与高新技术型的职业数量不超过总量的3%。事实上，新职业的诞生和增加在知识型和高新技术型的新兴产业中尤其明显。如介于传统的"白领"和"蓝领"之间，主要集中在信息产业、设计产业和汽车技术行业的"灰领"阶层，就从事着电子工程师、软件开发工程师、装饰设计工程师、绘图工程师、喷涂电镀工程师、电子商务员、多媒体作品制作员、计算机程序设计员、计算机网络技术人员、网页设计与制作员、数码影像技术人员、工业产品造型设计员、集成电路版图设计员、室内装饰设计员、首饰设计员、印前制作人员、汽车维修高级技师等为数众多的新兴先导性职业。有鉴于这一情况，自2004年以来，劳动和社会保障部每年都会公布两三批新职业。截至2007年4月，中国共有职业1989个。

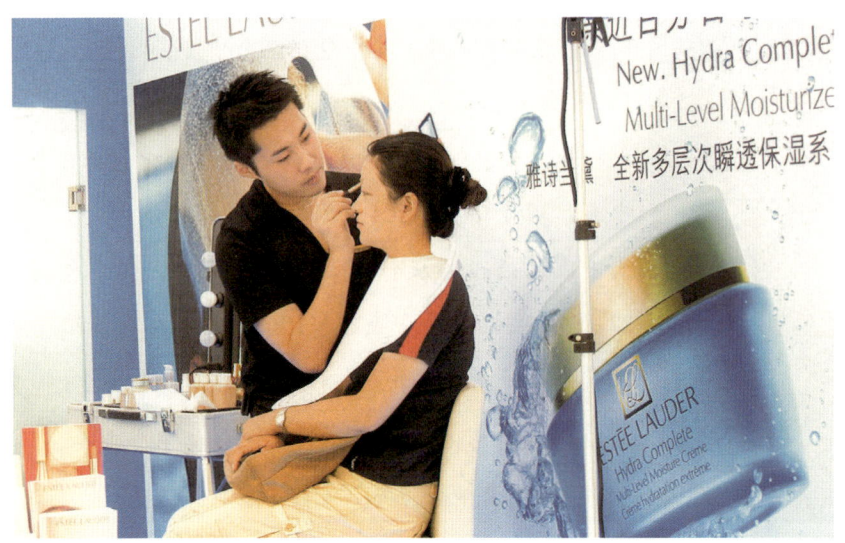

2004 年 8 月 19 日，劳动和社会保障部公布了首批 9 项新职业，对人的整体形象进行塑造的"形象设计师"正式成为中国社会中的新职业。

职业结构与社会分层（21 世纪前 10 年的情况）

  总体上看，中国新时期职业变化的两个新的特点是非常明显的，一是更新换代加快，二是呈现不断细分的趋势。一些传统产业中的职业趋向萎缩，一些领域中的职业不知不觉中消失了，一些员工会因此失去就业岗位。一些职业的内涵发生了变化，如"保姆"变成了家政服务员、理发员变成了"美发师"等。一些职业则不断细化，如企业管理人员中的董事长、总经理、首席执行官（CEO）、部门经理、项目经理等。一些新兴产业则在不断衍生出新的职业，如上述复合型人才比较集中的岗位。从趋势上看，随着社会的进步，以服务业为主体的第三产业正在以社会需求为导向催生出越来越多的新职业。

  职业结构是社会分层的基础性因素。如表 2-3-1 以及图 2-3-1 至 2-3-3 所示，中国改革开放以来社会分层上最大的变化就体现在农民阶层和产业工人阶层此消彼长上面，这是产业结构相对比较均衡的条

表 2-3-1 1982—2010 年中国各主要职业群体结构变化（单位：%）

职业	1982 年	1990 年	2000 年	2010 年
国家机关、党群组织、企业、事业单位负责人	1.56	1.75	1.67	1.77
专业技术人员	5.07	5.31	5.70	6.84
办事人员和有关人员	1.30	1.74	3.10	4.32
商业、服务业人员	4.01	5.41	9.18	16.17
农、林、牧、渔、水利业生产人员	71.98	70.58	64.46	48.13
生产、运输设备操作人员及有关人员	15.99	15.16	15.83	22.49
不便分类的其他从业人员	0.09	0.04	0.07	0.10
总计	100	100	100	100

图 2-3-1 1982 年中国各主要职业群体结构

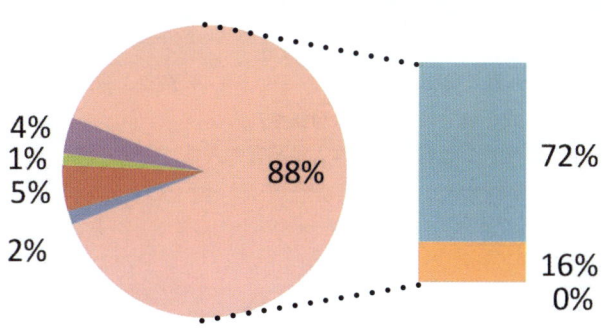

4%
1%
5%
2%
88%
72%
16%
0%

■ 1.国家机关、党群组织、企业、事业单位负责人   ■ 2.专业技术人员

■ 3.办事人员和有关人员   ■ 4.商业、服务业人员

■ 5.农、林、牧、渔、水利业生产人员

■ 6.生产、运输设备操作人员及有关人员

■ 7.不便分类的其他从业人员

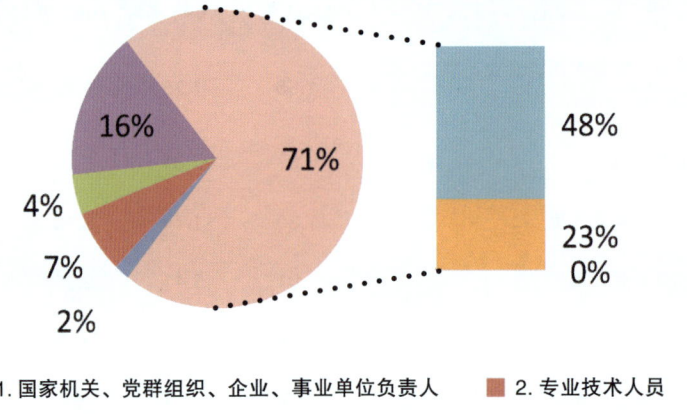

图 2-3-2　2010 年中国各主要职业群体结构

- 1. 国家机关、党群组织、企业、事业单位负责人
- 2. 专业技术人员
- 3. 办事人员和有关人员
- 4. 商业、服务业人员
- 5. 农、林、牧、渔、水利业生产人员
- 6. 生产、运输设备操作人员及有关人员
- 7. 不便分类的其他从业人员

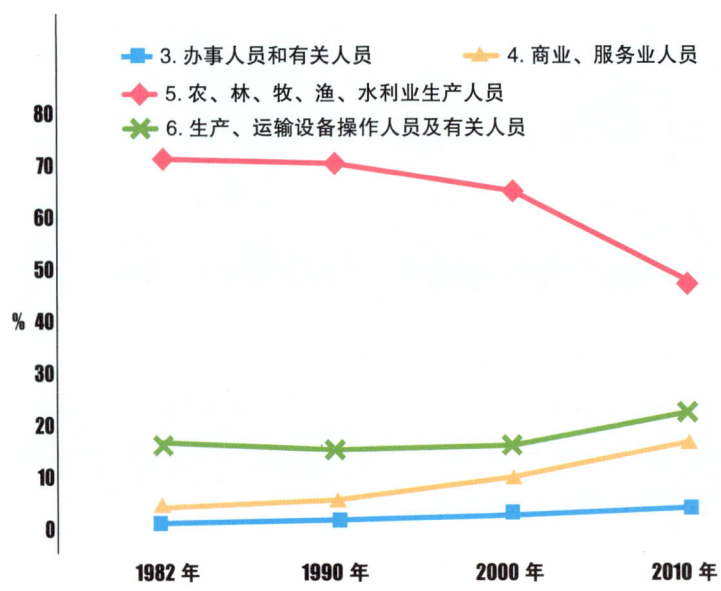

图 2-3-3　变化较大的职业走势

件下（有别于计划经济时期）工业化推进的正常结果。1982年—2010年，7种主要职业群体中第5类的农林牧渔水利业人员比重从71.98%下降到48.13%，减少23.85个百分点，第6类的生产、运输设备操作人员及有关人员从15.99%增加到22.49%，提高6.5个百分点。第6类人员的比重上升速度远不及第5类人员的比重下降速度，这是因为同一时期第三产业有了较快的发展，相当数量的第5类人员和第6类人员中的下岗职工流入了第4类职业，第2类和第3类职业所占的比重也有一定程度的增长，第1类和第7类人员的比重则变化不大。这些变化显示在这一时期中国的城市化有了长足的进步，工业化进入了新的阶段。但是如前所述，在现有的职业结构中第5类职业就业的人数依然占去了接近一半的比重，并且在这个职业门类中九成以上是种植业生产人员，表明中国的农业现代化水平还很低，人口城镇化任重道远。同时要注意到这个时期农村劳动力兼业化的特点以及年龄结构、性别结构上的变化。

说到人口城镇化，前文已经指出过了，要是从户籍上看，中国城市里相当数量的产业工人和商业、服务业人员是带着农业户口的农民工（而且是以青壮年劳动力为主，男性居多）。这也是改革前后最大的不同之一。改革之前，城市里的职工几乎是清一色的市民（非农业户籍人员）。改革以来，农民发生了分化，"自从有了乡镇企业，就有了离土不离乡的农民工（农民身份的工人）。1992年后，大量的农民涌进城市，他们是离土又离乡的农民工。据统计，2008年，全国共有2.25亿农民工，其中在本乡镇以内就业的农民有8500万，离土不离乡，占37.7%，在本乡镇以外就业、离土又离乡的农民共有1.4亿人，占62.3%。整个4亿多从事二、三产业的蓝领员工中，农民工已经占多数，在建筑、矿业、环保、纺织、服装、玩具、餐饮服务等行业中，农民工占大多数或绝大多数。"（陆学艺：《中国社会阶级阶层结构变迁60年》）。需要特别指出的是，农民工是产业工人和商业、服务业就业人员中的一个特殊的社会阶层，他们不单是带着农业户口，而且大多数在同样的单位接受着有别于本地非农户口就业人员的薪酬和待遇。这一差别所产生的效应在劳动密集型的行业和商业、服务业领域被成倍地放大了，在那里他们变成了几乎可以无限供给的廉价劳动力，加上中国原有的比较完整的国民经济体系和工业体系基础，中国因此才成了所谓"世界工厂"。

中国改革开放以来社会分层上另一个大的变化，是涌现出一些新的社会阶层，包括民营科技企业的创业人员和技术人员、受聘于外资企业的管理技术人员、个体户、私营企业主、中介组织的从业人员和自由职业人员等。新社会阶层中许多人是从工人、农民、干部和知识分子中分离出来的，以知识分子居多，主要集中在非公有制领域，收入较高但职业和身份具有较大不稳定性。据中共中央统战部估计，21世纪初，新社会阶层人数大约有 5000 万人，加上在相关行业的所有从业人员，总人数约1.5亿人，他们掌握或管理着10万亿元左右的资本，

2018 年 12 月，新的社会阶层人士学习贯彻习近平总书记在庆祝改革开放40 周年大会上的讲话精神座谈会举行。图为会计师事务所代表发言。

2017 年 9 月 16 日，河南省光山县产业集聚区的服饰公司内，工人们正在赶做南京、张家港等地客户的羽绒服定单。

使用着全国半数以上的技术专利，并直接或间接贡献着全国近 1/3 的税收，每年吸纳着半数以上新增就业人员，已成为经济和社会发展的重要力量，并具有不断扩大的趋势。

新社会阶层的崛起壮大了以管理人员和知识分子为主体（即所谓"白领"）的中间阶层。但是从总体上看，中国

白领阶层已成为当今中国快速发展的中产阶层的主体。

表 2-3-2　2010 年全国分受教育程度和行业中类的就业人口比例

	文盲	小学	初中	高中	大专	大本	研究生
总计	**1.00**	**1.00**	**1.00**	**1.00**	**1.00**	**1.00**	**1.00**
农、林、牧、渔业	0.89	0.75	0.50	0.20	0.04	0.01	0.01
采矿业	0.00	0.01	0.01	0.02	0.02	0.01	0.01
制造业	0.04	0.09	0.19	0.24	0.18	0.14	0.13
电力、燃气及水的生产和供应业	0.00	0.00	0.00	0.02	0.03	0.02	0.01
建筑业	0.02	0.05	0.07	0.05	0.04	0.03	0.02
交通运输、仓储和邮政业	0.01	0.01	0.04	0.06	0.04	0.03	0.02
信息传输、计算机服务和软件业	0.00	0.00	0.00	0.01	0.03	0.04	0.05
批发和零售业	0.02	0.04	0.10	0.17	0.14	0.09	0.05
住宿和餐饮业	0.01	0.01	0.03	0.04	0.02	0.01	0.00
金融业	0.00	0.00	0.00	0.01	0.04	0.06	0.06
房地产业	0.00	0.00	0.00	0.01	0.02	0.02	0.01
租赁和商务服务业	0.00	0.00	0.00	0.01	0.02	0.03	0.04
科学研究、技术服务和地质勘查业	0.00	0.00	0.00	0.00	0.01	0.03	0.07
水利、环境和公共设施管理业	0.00	0.00	0.00	0.01	0.01	0.01	0.01
居民服务和其他服务业	0.01	0.01	0.02	0.03	0.01	0.01	0.00
教育	0.00	0.00	0.00	0.03	0.13	0.21	0.28
卫生、社会保障和社会福利业	0.00	0.00	0.00	0.02	0.07	0.06	0.07
文化、体育和娱乐业	0.00	0.00	0.00	0.01	0.01	0.02	0.02
公共管理和社会组织	0.00	0.00	0.01	0.04	0.14	0.17	0.13
国际组织	0.00	0.00	0.00	0.00	0.00	0.00	0.00

的社会阶层结构还是一个底层过大、中层过小的现状，距离理想的两头小、中间大的橄榄形结构还相差甚远。尽管已经出现了下层缩小、中层扩大的趋势，但是由于户籍制度横亘在其间，城乡基本是两个不同的社会分层体系，中间阶层主要在城市，农民工处于"不城不乡"的尴尬状态，中国要塑造一种全新的现代化的社会阶层结构还有很长的路要走。城市化和教育事业的发展是社会中间阶层成长壮大的助推器。2010年中国各职业中，受教育年限最高的是专业技术人员，约为13.4年，其次是办事人员和有关人员，为12.5年，受教育程度最低的是农林牧渔水利业生产人员，平均受教育年限仅为7.7年，还不到初中受教育水平（参见表2-3-2）。然而，由于城乡二元结构尚未破除，客观存在的城镇化困境和城乡教育分割造成个人发展机会不平等，阻滞了正常的社会流动，中国一定程度上存在阶层固化现象。

2015年新版《职业分类大典》显示的职业变动现状和趋势

如前所述，2005年后连续3年有关部门对1999年版《中华人民共和国职业分类大典》进行了增补，但仍无法准确客观地反映当前职业领域的变化，相关部门、行业组织、劳动者对此反映强烈。针对这一情况，2010年底，人力资源与社会保障部会同国家质检总局、国家统计局牵头成立了国家职业分类大典修订工作委员会，启动修订工作，历时五年，七易其稿，形成新版《职业分类大典》。2015年版《大典》充分考虑我国社会转型期社会分工的特点，将1999年版单纯以"工作性质同一性"为职业划分标准调整为以"工作性质相似性"为主、以"技能水平相似性"为辅进行分类。新版《大典》延续职业分类的大类、中类、小类和细类结构，细类是最基本的类别，即职业。调整后的职业分类结构为8个大类、75个中类、434个小类、1481个职业。与1999年版相比，维持8个大类不变，增加9个中类、21个小类，减少 547 个职业（新增 347 个职业，取消 894 个职业）。新增职业包括"网络与信息安全管理员""快递员""文化经纪人""动车组制修师""风电机组制造工"等。取消职业包括"收购员""平炉炼钢工""凸版和凹版制版工"等。

2015 年版《大典》对 1999 年版《大典》中各类别的内容进行了修订，一些类别的名称也做了更改，具体情况是：

1. 第一大类名称修订为"党的机关、国家机关、群众团体和社会组织、企事业单位负责人"。修订后的第一大类包括 6 个中类、15 个小类、23 个职业。与 1999 年版相比，增加 1 个中类，减少 1 个小类、2 个职业，并对部分类别名称和职业描述进行了调整。

2. 第二大类名称为"专业技术人员"，维持原大类名称不变。修订后的第二大类包括 11 个中类、120 个小类、451 个职业。与 1999 年版相比，减少 3 个中类，增加 5 个小类、11 个职业。

3. 第三大类名称为"办事人员和有关人员"，维持原大类名称不变。修订后的第三大类包括 3 个中类、9 个小类、25 个职业。与 1999 年版相比，减少 1 个中类、3 个小类、28 个职业。

4. 第四大类名称修订为"社会生产服务和生活服务人员"，包括 15 个中类、93 个小类、278 个职业。与 1999 年版相比，增加 7 个中类、50 个小类、81 个职业。

5. 第五大类名称修订为"农、林、牧、渔业生产及辅助人员"，包括 6 个中类、24 个小类、52 个职业。与 1999 年版相比，中类维持不变，减少 6 个小类、83 个职业。

6. 第六大类名称修订为"生产制造及有关人员"，包括 32 个中类、171 个小类、650 个职业。与 1999 版相比，增加 5 个中类，减少 24 小类、526 个职业。

7. 第七大类和第八大类沿用 1999 年版《大典》做法，维持原大类名称及内容表述不变。

从上述修订情况看，第一大类对具有决策和管理权的社会职业依组织类型、职责范围的层次和业务相似性、工作的复杂程度和所承担的职责大小等进行划分与归类，社会组织的地位有所凸显；第二大类中的职业分类修订除遵循职业分类一般原则和技术规范外，还着重考量职业的专业化、社会化和国际化水平；第三大类的职业分类修订主要依据我国公共管理与社会组织中从业者的实际业态进行，其公共管理、企事业管理等领域行政业务、行政事务属性得到重点强化；第四大类作出的修订特别关照了新兴服务业的社会职业发展；第五大类的修订体现了农、林、牧、渔业生产环境、生产技术和产业结构的变化，现代农业生产领域中生产技术应用、生产分工与合作的现状；第六大类突出了工艺技术、工具设备、主要原材料、产品用途和服务与技能等级水平的相似性。上述这几个类别的变动表明，在全球新一轮科技革命和产业变革中，在我国加快推进新型工业化、信息化、城镇化和农业现代化的过程中，许多领域的职业技术正在发生并且将继续发生变化，社会职业结构也会随之而变，相应地人口的社会分层也会发生不断的变动。

今后一个时期，人工智能将会带来的就业情况和职业情况的变化广受社会的关注，其走势将对社会分层造成极为深刻的影响。根据世界经济论坛《未来就业报告》和领英、麦肯锡等多家国际咨询机构预测，第四次科技革命带来的劳动力市场震荡将会在不同行业、不同性别及不同工种中引发不同影响。例如医疗保健行业有可能会经历最为严重的负面冲击，能源、金融服务和投资行业则紧随其后。而创造最多就业机会的行业将是信息通信行业。到 2022 年，自动化技术和人工智能的发展将取代 7500 万份工作，与此同时，随着公司重新规划机器与人类的分工，另有 1.33 亿份新工作将应运而生。就业类型和工作方式会有很大的变化，越来越多的工作会依靠机器来完成，对就业者新技能的要求也越来越高并且会随时发生变化。图 2-3-4 显示，过

2014 年 5 月，教育部启动高校转型改革。中国 1200 所国家普通高等院校中，有 600 多所转向职业教育，培养技能型人才。

去五年，前十大新兴职业（即就业量增长最快的职业）包含多个以人为中心的职业，如营销专家和经理、人力资源专家和顾问、用户体验设计师等，这些职业要求从业者了解人类行为和偏好，所涉及的技能基本上无法实现自动化。十大衰退职业（即就业量下降最快的职业）则包含许多可以高度自动化的职业，例如行政助理、客服代表、会计以及电气、机械技术员。经济合作与发展组织强调，如果某个职业从业人员的受教育程度和技能水平普遍较低，这个职业面临的自动化风险就会上升。自动化风险最高的职业包括食品加工助理、清洁工和助手，以及采矿、建筑、制造业和交通行业的劳工。中国是人工智能发展全球领先的国家，随着人工智能的不断发展成熟，预计 2016—2030 年间，中国被人工智能替代的全职员工的规模约在 4000—4500 万人。基于目前的技术水平，中国的现有工作内容中有 40% 以上、现有工作小时数中有 31% 可以实现自动化。装配线作业等可预测的体力劳

图 2-3-4 最近五年全球新兴或衰退最快职业

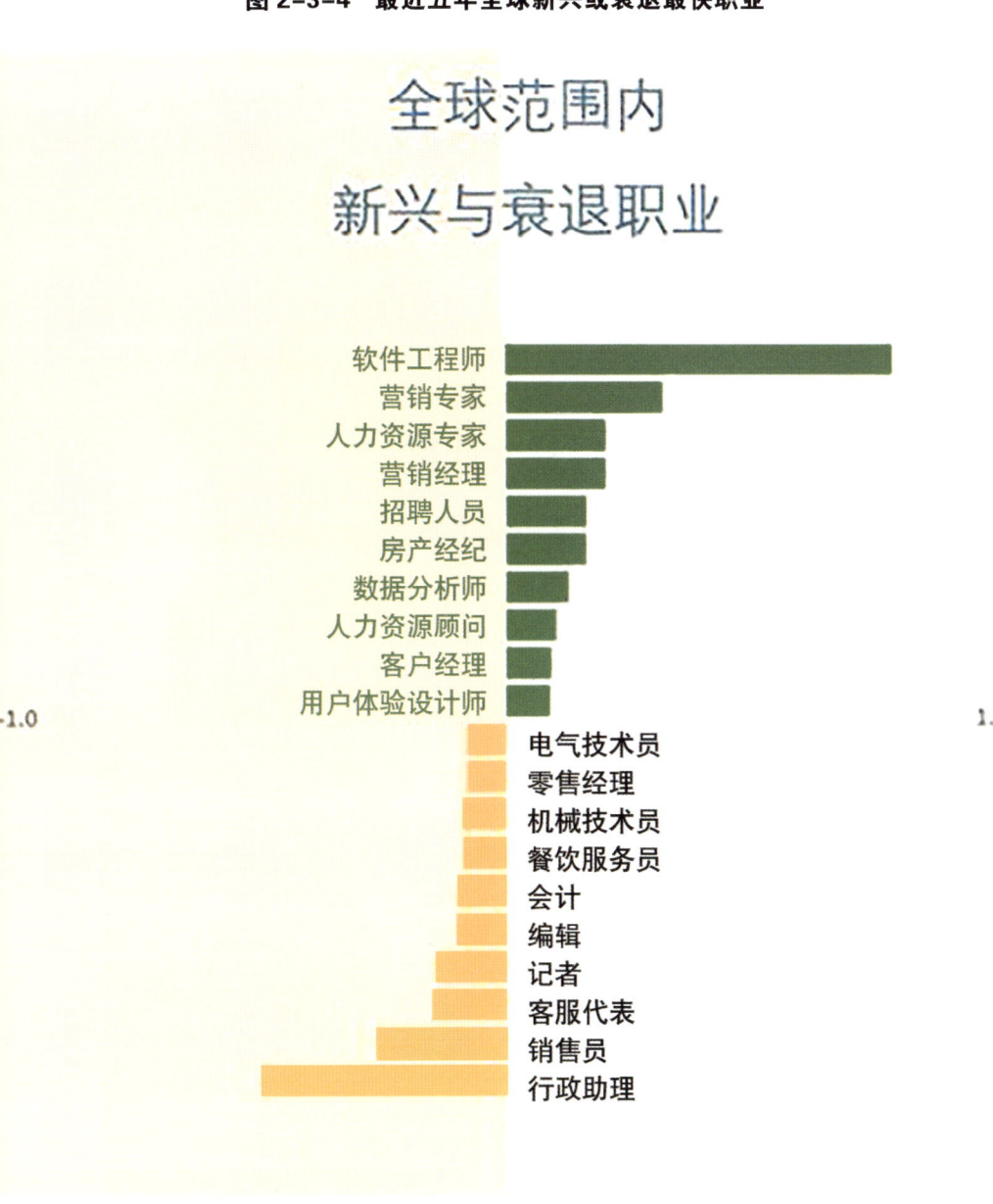

动尤其容易受到自动化影响。

社会学家陆学艺等人认为，工业化和城市化的推进导致产业结构和职业结构升级，相应地白领职业迅速扩张而蓝领职业逐步减少，从而向人民提供了越来越多的上升流动机会，随之而来的必然是社会中间层日益发展壮大，而社会顶层和底层都将缩小，整个社会结构的变化趋势是由"金字塔形"转变为"橄榄形"，即以中产阶层或中间阶层为主的"现代社会阶层结构"。中国社会科学院主持的中国社会状况综合调查（CSS）得到的数据显示，目前在中国，农民占的比重已经降到三成左右，蓝领也在持续减少，白领迅速扩张，已经占到了半数以上。

四、收入分配与社会分化

21 世纪以来，中国的社会分层现象在居民收入分配结构中可以得到很好的印证。以 2010 年城镇单位分行业就业人员平均工资水平的位次为例（参见表 2-4-1），受不同职业人力资本水平、劳动水平以及所在产业层次的影响，19 个行业的平均工资水平由高到低依次为：

2021 年 3 月 29 日，在四川省南充市顺庆区的川渝柑橘种业现代农业园区内，当地村民经过培训后变身产业技术人员，在大棚内管护柑橘种苗。

表 2-4-1　2010 年城镇单位分行业就业人员年平均工资排位

行业	年平均工资（元）
金融业	70,146
信息传输、计算机服务和软件业	64,436
科学研究、技术服务和地质勘查业	56,376
电力、燃气及水的生产和供应业	47,309
采矿业	44,196
文化、体育和娱乐业	41,428
交通运输、仓储和邮政业	40,466
卫生、社会保障和社会福利业	40,232
租赁和商务服务业	39,566
教育	38,968
公共管理和社会组织	38,242
房地产业	35,870
批发和零售业	33,635
制造业	30,916
居民服务和其他服务业	28,206
建筑业	27,529
水利、环境和公共设施管理业	25,544
住宿和餐饮业	23,382
农、林、牧、渔业	16,717

金融业，信息传输、计算机服务和软件业，科学研究、技术服务和地质勘查业，电力、燃气及水的生产和供应业，采矿业，文化、体育和娱乐业，交通运输、仓储和邮政业，卫生、社会保障和社会福利业，租赁和商务服务业，教育，公共管理和社会组织，房地产业，批发和零售业，制造业，居民服务和其他服务业，建筑业，水利、环境和公共设施管理业，住宿和餐饮业，农、林、牧、渔业。而且，进入门槛越低、市场竞争越充分、要求技术水平越低的行业，从业者的工资水平越低；反之，垄断性越强、进入门槛越高、要求技术水平越先进的行业，从业者的工资水平越高。排在第 1 位的金融业和排在第 2 位的信息传输、计算机服务和软件业的从业人员工资水平分别是平均水平（36539 元）的 1.92 倍和 1.76 倍，是排在末端的农、林、牧、渔业从业人员工资水平的 4.20 倍和 3.85 倍。2016 年信息传输、软件和信息技术服务业年平均工资水平首次超过金融业，排名各行业门类首位，金融业工资水平则退居次席。从最近几年的统计数据看，随着创新驱动发展战略深入实施，一些新材料产业和装备制造业行业平均工资增长不仅高于全部行业的平均增幅，也超出本行业上年同期增幅。同时，随着现代服务业的蓬勃发展，相关行业工资增幅大多高于平均增幅。这些数据表明中国当前的职业结构与社会分层（包括社会各阶层的经济地位）之间具有较高的吻合度。此外，不同职业工资上的差距还受生产资料所有制的影响，总体上私营单位从业人员的工资水平比较低，一般为非私营单位的六成左右。

在中国，工资差异并不足以解释居民收入差距，因为工资性收入之外还有大量的非工资性收入，如经营性收入、财产性收入、转移性收入等。随着农民工规模的扩大和收入的提高，工资性收入在收入构成中的比重总的趋势是：城镇居民有所降低，农村居民逐步增加。如果将工资性收入和非工资性收入加在一起比较，这个时期城乡居民收入的差距至少在 2010 年以前仍在扩大，城镇居民可支配收入与农村居民纯收入之间的倍数从 2002 年的 3.11 扩大到了 2009 年的 3.33，2010 年以来逐渐有所缩小，2020 年降低到 2.56，依然是世界上城乡居民收入差距最大的国家之一。要知道城镇居民可支配收入主要用于消费和储蓄，而农村居民纯收入部分地还要用于扩大再生产。从表2-4-2、表 2-4-3 所示的收入构成表中还可以看出，农村居民与城镇居民在转移性收入一项上差距很大，这反映了城乡居民所享有的社会福利上的差别。

用于衡量居民收入差距的常用指标是基尼系数。图 2-4-1 显示，中国官方公布的基尼系数在 2008 年创下最高值，为 0.491，此后持续下滑，近年再次转为上涨，持续在国际警戒线之上徘徊。"接近 0.5 的基尼系数可以说是一个比较高的水平，世界上超过 0.5 的国家只有 10% 左右；主要发达国家的基尼系数一般都在 0.24 到 0.36 之间。"（冯华：《贫富差距到底有多大》）按收入分等统计，高低收入组之间的

表 2-4-2 中国城镇居民收入构成变化

单位：%

指标	1990	1995	2000	2010	2013	2019
总收入	100.0	100.0	100.0	100.0	100.0	100.0
工资性收入	75.8	79.2	71.2	65.2	62.8	60.4
经营净收入	1.5	1.7	3.9	8.1	11.2	11.4
财产性收入	1.0	2.1	2.0	2.5	9.6	10.4
转移性收入	21.7	17.0	22.9	24.2	16.3	17.9

注：2013 年起统计口径有变化。

表 2-4-3　中国农村居民收入构成变化

单位：%

指标	1990	1995	2000	2010	2013	2019
总收入	100.0	100.0	100.0	100.0	100.0	100.0
工资性收入	14.0	15.1	22.3	29.9	38.7	41.1
家庭经营收入	82.4	80.3	71.6	60.8	41.7	36.0
财产性收入	3.6	1.8	1.4	2.5	2.1	2.4
转移性收入		2.8	4.7	6.8	17.5	20.6

注：2013 年起的统计口径有变化。

图 2-4-1　中国官方公布的基尼系数走势

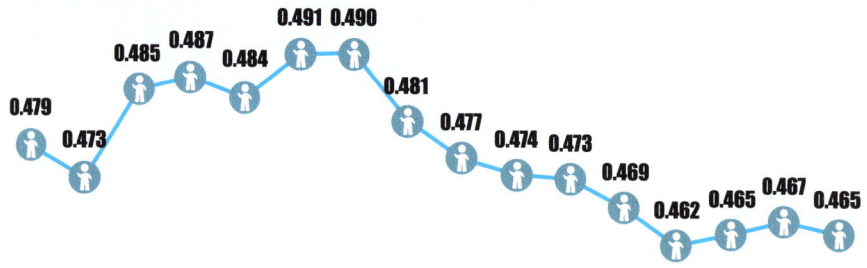

2003　2004　2005　2006　2007　2008　2009　2010　2011　2012　2013　2014　2015　2016　2017　2019

居民收入差距较大。2010 年，城镇居民家庭中 20% 高收入组的人均可支配收入与 20% 低收入组的收入之比达 5.4 ：1；农村居民高、低收入组人均纯收入之比为 7.5 ：1，表明高、低收入组之间的收入差距悬殊。2000—2014 年，中国城镇居民家庭中 20% 高收入组的人均可支配收入与 20% 低收入组的收入差距，由 3.6 倍扩大到 5.5 倍，十几年间扩大了 1.9 倍；同期农村居民家庭中 20% 高收入组与 20% 低收入组的收入差也从 6.47 倍扩大到 8.65 倍，十几年间扩大了 2.18 倍。从 2017 年的统计情况看，将全国居民人均可支配收入进行 5 等份分组，2017 年最富裕的"高收入组"收入增长幅度为 9.1%，较 2016 年扩大 0.8 个百分点，在 5 个阶层中增幅最大。而属于中间层的"中等偏上""中等"和"中等偏下"的收入增长率分别为 7.7%、7.2%、7.1%。增长率减小了 0.6—1 个百分点，与富裕阶层产生了差距。"低收入组"人群收入增长 7.5%，增幅扩大 1.8 个百分点，扶贫政策似乎取得了一定成果。总体上，富裕阶层收入大幅增加，中间阶层增长缓慢，放任贫富差距继续拉大可能会给经济结构向消费主导转型构成不利因素。

需要指出的是，中国是个大国，地区发展极不平衡，人均收入相差最大的莫过于拿东部的城镇居民收入水平与西部的农村居民收入水平相比。收入最高的人口大多集中在东部大城市中，收入最低的人口则主要生活在西部的农村里。

中国居民收入基尼系数长期在警戒线附近徘徊都没有导致严重的社会分裂，主要是由于社会各阶层的收入实现了有差别的同步增长，没有造成富者愈富、穷者愈穷的两极分化。而能够做到这一点，很大程度上要归功于这一时期的社会政策，尤其是在就业、社会保障、扶贫诸方面的成就。

 **世界最大的社会保障计划**

　　建立健全社会保障体系，是调节社会分化、维护公平正义的重要途径和制度安排。改革开放以来，特别是进入新世纪以来，中国的社会保障事业快速发展，目前已初步建成了以社会保险、社会救助、社会福利为基础，以基本养老、基本医疗、最低生活保障制度为重点的项目齐全、覆盖全面的社会保障体系框架，建立了世界上最大的社会保障计划，拉动世界社保覆盖率提高 11 个百分点。中国第十三个五年规划（2016—2020）时期，是全面建成小康社会的决胜期，是经济转型的攻坚期，也是社会保障领域全面深化改革的重要时期。

一、国有企业改革和社会保障体系重建

新中国成立后，特别是社会主义改造完成后，在确立社会主义计划经济体制的同时，相应地建立起了城乡二元社会体制和城乡有别的社会保障体系。城乡居民被严格的户籍管理和统购统销（即粮食和其

20世纪50年代初，辽宁大连港的老工人们在填写劳动保险卡。

随着经济体制改革的展开，当今中国社会保障体系也处在重建的过程中。

他农产品由国家统一收购和供应，禁止自由买卖）政策束缚在各自的区域，能够进入城市和公有单位工作的人员由国家统一调配。在社会保障方面，企业单位建立了劳动保险制度，机关和事业单位也有基本相似的社会保障制度，在农村则只有针对特殊人群的"五保"（保吃、保穿、保住、保医、保葬等）供养制度。除此之外，还构建起了针对特殊群体（现役军人、军烈属和城镇孤老残幼等）的社会保障和民政福利制度。总体上看，一直到改革开放以前，中国的社会保障体系尽管并不完善、覆盖范围小、保障水平相对较低，但它是与当时的经济水平、经济体制和社会管理体制相配套的，对那个时期的经济和社会发展起到了积极作用。

　　中国新时期以来社会保障体系的重建，是伴随城市经济体制改革特别是国有企业改革逐步展开的。改革伊始，就在非公有制企业——主要是中外合资经营企业引入劳动合同制。1982年2月，劳动人事部发出了《积极推行劳动合同制的通知》，在全国试行劳动合同制。

1986 年，国务院发布了一系列的实行劳动合同制的暂行规定，在国营企业中全面推行劳动合同制。1994 年国家颁布了《劳动法》（1995年 1 月 1 日开始实施），确立了劳动合同制的法律地位，为全员（包括非国有企业以及个体经济组织中的劳动者等）实行劳动合同制提供了基本的法律依据。当时，对于在国有企业或集体企业就业的职工来说，1986 年以前招收的职工多按固定工的政策处理其与企业的劳动关系，1986 年以后进入企业的职工多按合同制的规定来处理其与企业的劳动关系。在包括国有企业在内的经济组织中推行劳动合同制，是传统的退休制度向失业保险制度转型的重要标志。同样是在 1986 年下发的《国营企业职工待业保险暂行规定》，开启了中国失业保险制度的重建，同时也显现出了社会保障制度改革的社会化趋向。同一时期，许多企业和地方政府对传统的公费医疗制度也做了些改进，80 年代末期开始经中央批准在部分城市和经济特区开展医疗保险制度改革试点。

1992 年，中共十四大确定中国经济体制改革的目标是建立社会主义市场经济体制。1993 年，十四届三中全会明确提出国有企业改革的方向是建立现代企业制度，力图使企业彻底摆脱行政机关附属物的地位，成为自主经营、自负盈亏的微观经济主体。在全国上下市场化浪潮的推动下，国有企业改革显著加快。但是很快就发现，要把数以十万计的国有企业每个都搞好是不可能的，大量在一般竞争性行业从事生产经营的国有中小企业竞争力十分低下，甚至没有国家补贴根本无法生存。在这种情况下，国家提出要着眼于搞好整个国有经济，推动国有资产战略性重组。1995 年，十四届五中全会作出抓大放小、优化国有资产结构的重大决策。1997 年，十五届一中全会进一步提出三年脱困、解决历史旧账的要求。为此，必须剥离企业的社会职能，必须解决企业大量的冗员问题，必须解决企业的历史欠账问题，让企业减负瘦身；必须允许企业破产、兼并、重组，实现优胜劣汰。于是分离企业办社会职能和分流富余人员工作提上重要议事日程。

　　1992 年 4 月，财政部发布《关于提高国营企业职工福利基金提取比例、调整职工福利基金和职工教育经费计划基数的通知》，对企业职工福利、工资和保险三者之间的关系进行了调整和规范，企业职工福利基金开始在企业税后利润中提取、列支。同年 6 月，中共中央、国务院下发《关于加快发展第三产业的决定》，要求现有的大部分福利型、公益型和事业型第三产业单位要逐步向经营型转变，实行企业化管理，逐步实现大部分生产服务、生活服务的社会化。随后，开始了以"企业后勤服务社会化、产业化"为主要内容的改革。民政部、国家计委等 14 个部委于 1993 年 8 月 27 日联合发布《关于加快发展社区服务业的意见》，逐步以社区服务承接企业单位后勤服务的功能。

　　1995 年，国家经贸委、国家教委、劳动部、财政部、卫生部联合发出《关于若干城市分离企业办社会职能、分流富余人员的意见》，要求试点城市按照关于若干城市企业"优化资本结构"试点方案的要

江苏徐州举办失地农民与下岗失业人员招聘会，图为人头攒动的招聘会现场。

求，积极探索分离企业自办中小学校、医院、后勤服务等单位的途径和分流企业富余人员的渠道。与此同时，对传统住房福利体制进行改革，改变了过去把住宅作为福利进行无偿分配的制度，将住宅作为商品纳入市场经济运行轨道。到1998年底，中央政府宣布停止企事业单位的福利分房，相应建立住房公积金制度和住房保障体系。2000年，国家经贸委、教育部、劳动和社会保障部、财政部、卫生部联合发出《关于进一步推进国有企业分离办社会职能工作的意见》，要求分离企业办社会工作坚持分类指导、分步实施的原则，不失时机地全面推开。2002年，多部委联合先后发出《关于加快实现社会福利社会化的意见》《关于进一步推进国有企业分离办社会职能工作的意见》，进一步要求总结试点经验，加快推进社会福利社会化和分离企业办社会职能工作。同年，国家经贸委、财政部发出《关于进一步推进国有企业分离办社会职能有关问题的补充通知》，强调考虑社会承受能力，稳步推进，不急于求成。

在实践中，一般是将企业原有的公益型社会职能，包括企业自办

海南省的企业下岗人员在领取失业保险金。

中小学校、自办的卫生机构等，主要采取移交的方式，交给当地政府纳入公共服务网络管理；对于企业原有的福利型社会职能，包括企业负责职工住房职能的管理机构，企业自办的食堂、浴室、托儿所、招待所等后勤服务单位，主要是将其与生产经营主体分离，成为面向社会、自主经营、独立核算、自负盈亏的经营单位。随着企业改革的不断深入，分离企业办社会职能工作取得很大进展，也有力促进了社区服务业的发展，社区服务被纳入了社区建设的重要内容。截至2008年底，全国共有县(市、区)级社区服务中心9873个，街道社区服务中心10798个，居委会社区服务站30021个，其他社区服务设施12.2万件，城市便民利民服务网点75.9万个。同时，还积极推进农村社区建设试验工作的开展，确定了全国农村社区建设实验县(市、区)304个，占全国总县(市、区)数的10.6%。但是总体上看，分离企业办社会职能工作至今尚未完成，2017年国务院还下发了一个《加快剥离国有企业办社会职能和解决历史遗留问题工作方案》。客观地说，将社会职能完全分离出去有一些阻力，企业和单位对其还有一定的内在需求。

分流富余人员问题是同社会保险制度的改革结合在一起进行的。1993年，中共十四届三中全会提出建立多层次的社会保障体系。当年参加退休费用社会统筹的人数8964万人，参加失业、工伤、生育保险的人数分别为7924万人、1100万人和550万人，参加医疗费用社会统筹的仅540万人，大多数劳动者还不能充分享有各项社会保障。1995年国务院发出的《关于深化企业职工养老保险制度改革的通知》以及同时作为附件下发的两个实施办法，标志着统账结合模式的养老保险制度的出台。1997年，国务院又下发了《关于建立统一的企业职工基本养老制度的决定》，各地不同的社会统筹与个人账户相结合的方案开始走向统一。为了确保企业用工制度改革落实到位，鉴于失业救济的不足，国家设立了"三条保障线"制度，即下岗职工由再就业服务中心保障其基本生活；进再就业服务中心三年后仍未就业的，要转到社会保险机构领取失业保险金；享受失业保险两年后仍未就业的，转到民政部门享受城镇居民最低生活保障。这一年年初，国务院召开全国国有企业职工再就业工作会议，明确提出"鼓励兼并、规范破产、下岗分流、减员增效、实施再就业工程"的指导方针。

在具体实施中，采取了不同的人员安置方案，包括进入再就业中心，由再就业中心进行培训、发放下岗生活费、办理各种社会保险，并根据劳动需求推荐再就业；将国有企业中的辅业资产改制为非国有企业，将国有企业的富余人员分流到改制后的副业企业中就业；以及协议解除劳动关系、内部退养、协议保留社会保险关系、终止劳动合同、停薪留职等多种形式。就这样，企业职工的养老保险制度、失业保险制度、最低生活保障制度的构建与企业兼并破产和职工再就业工作紧密结合在一起，同步推进。与此同时，试点地区按照同一思路尝试建立多种形式的医疗保险制度，在此基础上国务院要求全国各地 1999 年建立覆盖全体城镇职工的基本医疗保险制度。至此，以养老、医疗、失业三大保险为主的企业职工社会保险基本框架的"雏形"初步搭建起来。

图 3-1-1 服务于国企改革的社保重建

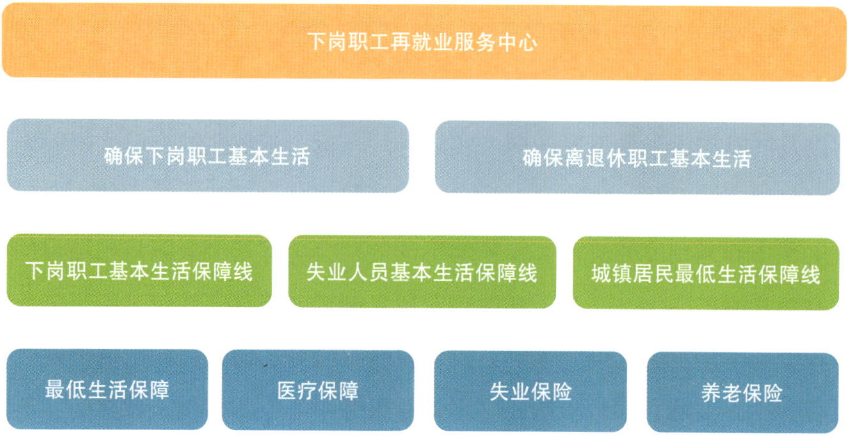

下岗职工再就业服务中心

| 确保下岗职工基本生活 | 确保离退休职工基本生活 |

| 下岗职工基本生活保障线 | 失业人员基本生活保障线 | 城镇居民最低生活保障线 |

| 最低生活保障 | 医疗保障 | 失业保险 | 养老保险 |

2016 年，河北省张家口市民刘女士因企业改制下岗后，学习美容技术并创办美容院，带领同样下岗的姐妹走出一条"美丽的再就业之路"。图为刘女士（左）通过网络为顾客设计美容方案。

进入 21 世纪以来的头几年，中国社会保障制度改革继续沿着前一个阶段确立的轨道展开。按照 2000 年提出的完善城镇社会保障体系试点方案（先是在辽宁，然后扩及整个东北，到 2006 年扩大到其他 8 个省级地区），重点放在"推动国有企业下岗职工基本生活保障向失业保险并轨"和"做实养老保险个人账户"两个方面。通过不断总结经验，确保国有企业下岗职工基本生活和企业离退休人员基本养老金按时足额发放成果继续得到巩固，各项保险制度改革稳步推进，国有企业下岗职工基本生活保障制度向失业保险制度并轨基本完成，社会保险覆盖面继续扩大，保障能力明显增强。

第十个五年计划（2001—2005）期末，全国参加基本养老保险、基本医疗保险、失业保险、工伤保险、生育保险人数分别达到 1.75 亿人、1.38 亿人、1.06 亿人和 8478 万人、5408 万人，参加农村社会养老保险的人数达到 5442 万人。2005 年，社会保险基金收入 6968 亿元，支出 5401 亿元。另据劳动部门统计，1998 年至 2005 年间，全国共有国有企业下岗人员 2867 万人，实现再就业 1975 万人，占下岗职工的 68.9%。到 2007 年底，基本解决了国有企业下岗职工再就业的问题。同一时期，企业退休人员社会化管理服务取得积极进展；企业年金制度开始实行。这一时期的社会保障制度改革为国有企业改革和经济结构调整做出了重要贡献。

二、社会保障体系建设的全面、加速推进

近十余年来，中国政府从经济社会发展面临的新形势新任务新特点出发，出台了一系列关系民众切身利益的具有深远意义的政策措施，社会保障体系建设作为民生政策的基础工程受到前所未有的重视，走上了城乡统筹、覆盖全社会的快车道。经过不懈努力，中国社会保障

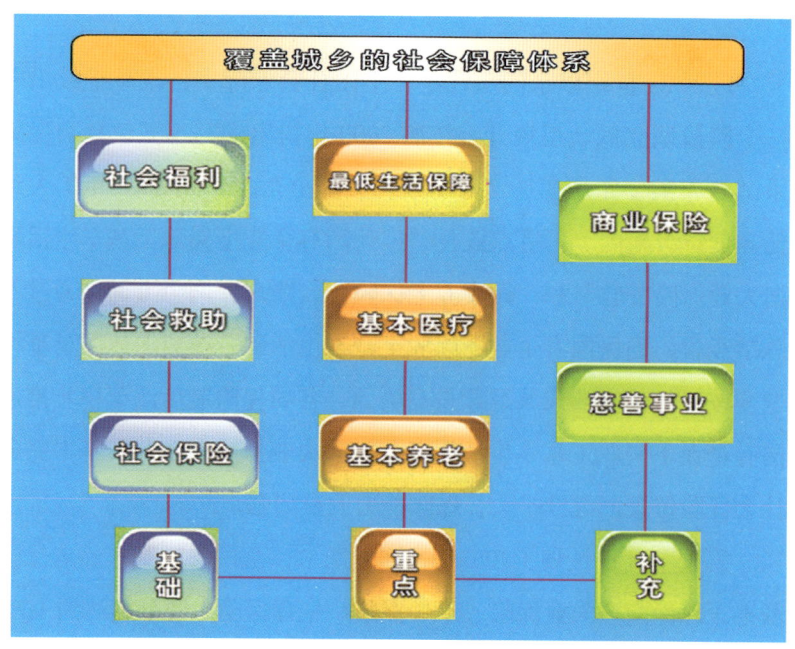

图 3-2-1 目前中国社会保障体系基本框架

制度实现了从企业单位保障到社会保障，从企业单一责任到国家、单位和个人三方责任共担，从城镇到农村，从城镇职工到城乡居民的重大转变，建立了"独立于用人单位之外，资金来源多元化、保障制度规范化、管理服务社会化"的现代社会保障制度，形成了一套与社会主义市场经济体制相适应的制度体系。具体框架如图 3-2-1 所示。

社会保险

社会保险是社会保障制度中的核心内容。为了规范社会保险关系，维护公民参加社会保险和享受社会保险待遇的合法权益，中国政府相继公布了《社会保险法》，修订了《工伤保险条例》。在医疗保险方面，城镇居民基本医疗保险制度已建立并全面实施，新型农村合作医疗制度和城乡医疗救助制度普遍实施，职工基本医疗保险制度进一步完善。在养老保险方面，建立新型农村社会养老保险制度并开展试点，全面建立企业职工基本养老保险省级统筹制度。特别是继 2009 年初

社会保险是社会保障制度的核心内容，人们对此极为关注。

图 3-2-2　2008 年以来社会保险参保人数

养老　医疗　失业　工伤　生育　　　　　　　　　　　单位：万人

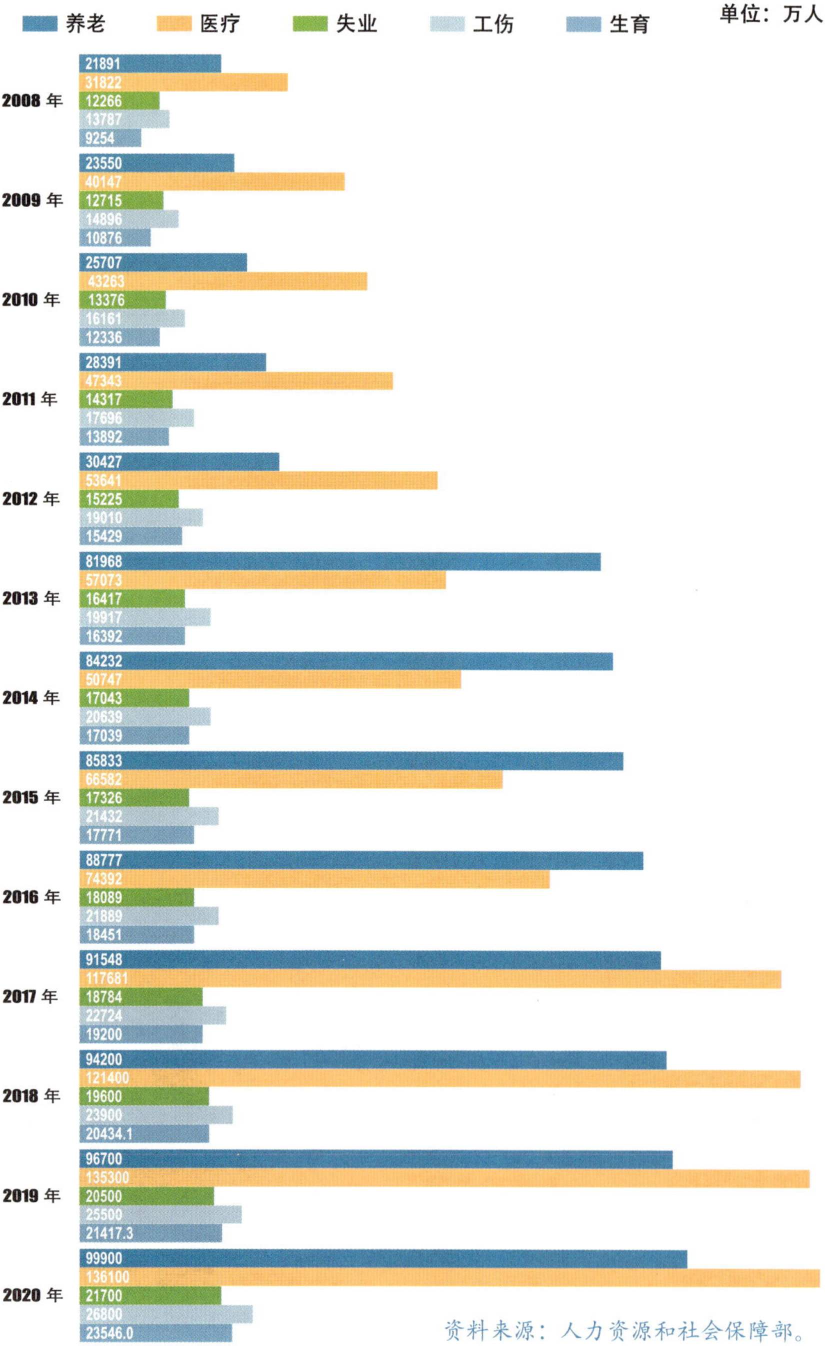

2008 年
21891
31822
12266
13787
9254

2009 年
23550
40147
12715
14896
10876

2010 年
25707
43263
13376
16161
12336

2011 年
28391
47343
14317
17696
13892

2012 年
30427
53641
15225
19010
15429

2013 年
81968
57073
16417
19917
16392

2014 年
84232
50747
17043
20639
17039

2015 年
85833
66582
17326
21432
17771

2016 年
88777
74392
18089
21889
18451

2017 年
91548
117681
18784
22724
19200

2018 年
94200
121400
19600
23900
20434.1

2019 年
96700
135300
20500
25500
21417.3

2020 年
99900
136100
21700
26800
23546.0

资料来源：人力资源和社会保障部。

社会保险基本覆盖全民的理念得到广泛传播。

将农民工纳入城镇职工基本养老保险体系之后，2009年年底开启的新型农村社会养老保险（简称"新农保"）试点和2011年7月启动的城镇居民社会养老保险（简称"城居保"）试点进展顺利，取得积极成效，2012年基本实现制度全覆盖。至此，中国相继建立养老、医疗、失业、工伤、生育保险制度，制度框架基本形成，《社会保险法》的精神得到落实。中共十八大以来，全面建立统一的城乡居民基本养老保险、医疗保险制度，普遍实施机关事业单位养老保险制度，启动养老保险基金投资运营和基金中央调剂，全面实施大病保险制度，积极开展长期护理保险制度试点，制度的公平性和可持续性进一步增强。坚持把社会保障全民覆盖作为全面建成小康社会的新要求，实施全民参保计划，各项社会保障的覆盖人数迅速增加。2020年，在社会保障方面，一是覆盖范围持续扩大。基本养老保险参保人数9.99亿人、全口径医疗保险参保人数13.61亿人、失业保险参保人数2.17亿人、工伤保险参保人数2.68亿人，较上年度均有增加。6098万建档立卡贫困人口参加基本养老保险，参保率保持在99.99%。二是基金运行总体平稳。三项社会保险基金总收入5.02万亿元，总支出5.75万亿元，累计结余6.13万亿元。养老保险省级统筹全面实现。基金中央调剂力度持续加大，跨省调剂基金1768亿元。基本养老保险基金委托投资工作全面启动，合同规模1.24万亿元。三是各项社保待遇按时足额发放。建立退休人员养老金合理调整机制，退休人员基本养老金调整惠及超过1.2亿退休人员。为近1.7亿城乡老年居民提高基础养老金标准，医保扶贫累计资助7837.2万贫困人口（含动态调出）参加基本医疗保险，参保率稳定在99.9%以上，各项医保扶贫政策累计惠及贫困人口就医1.8亿人次。失业保险、工伤保险待遇稳步提高。四是持续优化社会保险经办管理服务。推进相关服务事项打包办、提速办、简便办、跨省办。国家社会保险公共服务平台提供9类28项全国统一服务，社会保障卡持卡人数达到13.35亿人，电子社保卡签发超过3.6亿张，社会保障卡应用范围不断拓展，跨省异地就医的费用结算也同步推广到了更多的城市和地区。

社会救助

这一时期，面对一系列突发性公共事件，中国政府在中共十六大、十七大期间着力建立健全应急预案、预警机制，先后出台了《自然灾害救助条例》《国家突发公共事件总体预案》《国家自然灾害救助应急预案》《国家综合减灾"十一五"规划》《国家综合防灾减灾规划（2011—2015年）》等，建立起了灾害准备、应急救助、灾后救助和恢复重建相衔接的灾害救助制度，健全了"分类管理、分级负责、条块结合、属地为主"的灾害应急救助管理体制，明确了"政府主导、分级管理、社会互助、生产自救"的救灾工作方针，有力提高了应急管理和抵御灾害的能力，由单纯的灾害救济覆盖到灾前预防、灾中应急响应和灾后恢复重建全过程。

信息化系统建设服务于社会救助工作。

　　在城乡社会救助体系建设方面，自 1999 年颁布《城市居民最低生活保障条例》之后，2007 年 8 月下发了《国务院关于在全国建立农村最低生活保障制度的通知》，要求在年内全面建立农村低保制度并保证低保金按时足额发放到户。城乡居民最低生活保障制度的建立，从根本上修正了传统社会救济制度的缺陷，为城乡社会救助的统一奠定了基础。同时，随着救助人数不断扩大，救助标准逐步提高，救助资金逐年增加，救助程序日益规范，困难群众的基本生活得到了保障。

　　与此同时，为确保困难群众的基本医疗需求，1997 年和 2002 年，中共中央、国务院发文提出要对农村贫困家庭实行医疗救助。2003 年，民政部等部门联合下发了《关于实施农村医疗救助的意见》，要求在全国农村逐步建立医疗救助制度。2005 年，国务院办公厅转发了民政部等四部门《关于建立城市医疗救助制度试点工作意见》。到 2008 年，城市医疗救助制度从试点探索进入全面实施，农村医疗救助制度进一步规范完善，覆盖全国城乡的医疗救助制度全面建立，直接施救和资

表 3-2-1 2010 年以来社会救助情况

单位：万人

指标	2010	2011	2012	2013	2014	2015	2016	2017	2018	2019	2020
城市最低生活保障人数	2310.5	2276.8	2143.5	2064.2	1877.0	1701.1	1480.2	1261.0	1007.0	860.9	805.1
农村最低生活保障人数	5214.0	5305.7	5344.5	5388.0	5207.2	4903.6	4586.5	4045.2	3519.1	3455.4	3620.8
农村"五保"供养人数	556.3	551	545.6	537.2	529.1	516.8	496.9	466.9	455.0	439.1	446.3

资料来源：民政部历年民政事业发展统计公报。

助参保（合）相结合的救助模式基本确定。2009 年和 2012 年，民政部、人社部等部门又先后下发了《关于进一步完善城乡医疗救助制度的意见》、《关于开展重特大疾病医疗救助试点工作的意见》和《关于做好新型农村和城镇居民社会养老保险制度与城乡居民最低生活保障农村五保供养优抚制度衔接工作的意见》，进一步完善城乡医疗救助制度，并使其与新医改和城乡低保体系建设相衔接。同一时期，在扩大城乡低保制度覆盖面和逐步建立医疗救助制度的同时，进一步建立与完善灾害救助、临时救助、农村"五保"供养、农村特困户救助和流浪乞讨人员救助制度，推进社会慈善、社会捐赠、群众互助等社会扶助活动和志愿服务活动的制度化建设，取得明显成效。

教育救助、住房救助和司法救助等也取得长足进展，充实了社会救助的内容，使广大困难群众得到了更多实惠。以城乡低保、农村"五保"、灾害救助、医疗救助为基础，以临时救助为补充，与廉租住房、教育、司法等专项救助制度衔接配套的覆盖城乡的社会救助制度体系全面建立，构筑了困难群众基本生活最后一道保障线。

中共十八大以来，积极推进社会救助法规制度建设，2014 年 2 月出台了第一部统筹各项社会救助制度的行政法规《社会救助暂行办法》，将最低生活保障、特困人员供养、受灾人员救助、医疗救助、教育救助、住房救助、就业救助和临时救助等 8 项制度以及社会力量参与作为基本内容，确立了完整清晰的社会救助制度体系。规定社会救助坚持托底线、救急难、可持续，与其他社会保障制度相衔接，社会救助水平与经济社会发展水平相适应。随后又相继下发了《关于全面建立临时救助制度的通知》《关于进一步完善医疗救助制度全面开展重特大疾病医疗救助工作的意见》《关于进一步健全特困人员救助供养制度的意见》等，建立健全单项救助制度。将城市"三无"人员救助和农村"五保"供养统一为特困人员救助供养，保障城乡特困人员基本生活。

2015 年《中共中央、国务院关于打赢脱贫攻坚战的决定》下发后，各级民政部门全力推进以农村低保兜底为核心的社会救助兜底保障工

一位患病职工收到了宋庆龄基金会送来的救助金。

作，做好农村最低生活保障制度与扶贫开发政策、医疗救助与城乡居民大病保险有效衔接。2017年出台的《国家综合防灾减灾规划（2016—2020年）》对防灾减灾救灾体制机制改革作出专门部署，大幅提高了因重特大自然灾害遇难人员家属抚慰金、过渡期生活救助和倒损民房恢复重建的中央补助标准。2012年到2017年，全国城市和农村低保标准分别由每人每月330元和每人每年2068元提高到524元和4079元，增幅达到59%和97%；城乡低保、医疗救助、特困人员救助供养和临时救助资金支出从2012年的近1800亿元增加到2016年的约2500亿元，近6000万城乡低保人员和特困群众的基本生活得到有效保障。"十三五"时期，以最低生活保障制度为核心的社会救助覆盖面不断扩大，为农村建档立卡贫困户提供了强有力的兜底保障，农村低保保障人数、特困人员供养人数、困难残疾人生活补贴人数等均实现"应保尽保"。2020年，1936万建档立卡贫困人口纳入救助保障范围；城乡低保标准分别达到人均每月665元和每年5842元，同比增长7.7%和11.3%；城乡特困人员基本生活标准分别达到人均每年10775元和8230元，同比增长11.4%和12.8%；24.76万事实无人抚养儿童首次纳入国家保障，集中养育孤儿和社会散居孤儿保障标准分别达到人均每月1567.2元和1140元，同比增长6.6%和8.6%；残疾人生活补贴和护理补贴分别惠及1152.9万人、1432.7万人；救助流浪乞讨人员66.1万人次，帮助其中12989人成功寻亲，其中17916名长期滞留人员得到落户安置。

社会福利和慈善事业

在中国，一般将为社会孤、老、残、幼和其他有特殊困难的社会成员提供社会服务的事业，称为社会福利事业。这样的事业在计划经济时期主要是由政府和单位兴办的，改革开放后，国家大力提倡和积极扶持企事业单位、城市街道和农村乡镇兴办敬老院、老人院等集体

安徽省太湖县城西乡的孤儿们领到了助学基金。

福利事业，鼓励社会福利团体依靠社会力量兴办福利事业。

1984年的全国城市社会福利事业单位改革整顿经验交流会，确定了社会福利事业要进一步向国家、集体、个人一起办的体制转变，实现社会福利事业由救济型向福利型转变，由供养型向供养康复型转变，由封闭型向开放型转变的发展战略和改革目标。经过几年的努力，改变了以往由国家包办的社会福利事业体制，出现了国家、集体、个人一起办社会福利事业的新格局。这一时期的社会福利事业主要包括国家办的社会福利事业，农村乡镇敬老院，企事业单位、机关、学校、社会团体及个人兴办的各种福利服务设施与机构，社区服务等。

世纪交替之际，政府出台了一系列发展规划和相关标准，逐步将各种福利机构与公益机构纳入到了统一、规范的轨道，并且进一步加大了对社会力量兴办社会福利机构的支持力度，推动了社会福利社会化进程，促进了以居家为基础、以社区为依托、以福利机构为骨干的社会福利服务体系的建立和完善。同时，各地民政部门积极争取各级

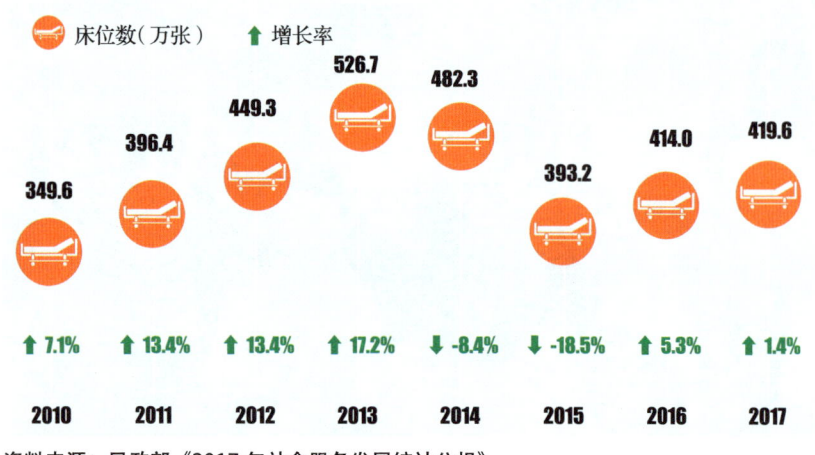

图 3-2-3　2010—2017 年社会服务机构床位数

床位数（万张）　　增长率

349.6　　396.4　　449.3　　526.7　　482.3　　393.2　　414.0　　419.6

↑ 7.1%　↑ 13.4%　↑ 13.4%　↑ 17.2%　↓ -8.4%　↓ -18.5%　↑ 5.3%　↑ 1.4%

2010　2011　2012　2013　2014　2015　2016　2017

资料来源：民政部《2017 年社会服务发展统计公报》。

财政资金的投入，并辅之以社会捐助和彩票公益金，不断改善社会福利机构条件，促进了敬老院、福利院、光荣院、优抚医院、救助管理站、精神病人福利院等福利事业单位的建设和发展。农村居民的社会福利也有改善，2006 年国务院修订《农村五保供养工作条例》，将五保供养经费纳入公共财政保障范围，"五保"福利制度实现了历史性变革和转型。

针对中国经济转轨和社会转型出现的新情况和新问题，社会福利突破了原有体制和工作范围的局限，在人民群众最关心、最现实、最迫切的养老、医疗、失业、保险、社会救助等方面采取了一系列新举措，由过去的补缺型向适度普惠型方向（如发放高龄津贴、孤儿津贴等）作出了积极探索，社会福利的提供主体、受益人群、福利目标、供给手段等都发生了深刻的变化。"在福利的价值观方面，从单纯的恩赐观念转变为一种基本的福利权利。在提供主体方面，从单一的国家和政府，转变为国家、社会、企业、个人、社区组织等为主体，实现了福利的多渠道、多元化供给。在受益人群方面，从'三无''五保'

等生理性弱势群体，扩大到所有老年人、残疾人、孤儿、失业下岗人员、困难群体等社会性弱势群体。在福利目标方面，从维持基本生活，到提高生活质量和提供优质服务并重。在福利内容方面，从吃饱穿暖向衣食住行医等基本生活保障和权益保障全方位发展。在服务手段供给方面，从日常护理照顾向社会工作专业化手段提供专业服务方向发展。在服务方式上，从常规护理向借助现代科技手段，提供信息化、标准化服务的方向发展。通过投资主体多元化、服务对象公开化、服务方式多样化、服务队伍专业化和志愿者相结合等措施，社会福利模式开始由补缺型向适度普惠型方向发展。"（成海军：《三十年来中国社会福利改革与转型》）

社会福利法制化取得积极进展，初步形成了以《宪法》为基础，由《残疾人保障法》《收养法》《老年人权益保障法》等60多部相关法律法规组成的保护老年人、残疾人、孤儿、特殊困难群体合法权益的法制体系。此外，义务教育开始免费，中学、大学教育开始增加对贫困生的资助。

中共十八大以来，积极有效应对人口老龄化，修订了《老年人权益保障法》，全面放开养老市场，提高养老院服务质量，推动老龄事业全面协调可持续发展。以居家为基础、社区为依托、机构为补充、医养相结合的养老服务体系加快形成。2020年，全国各类养老机构和设施拥有床位数达807.5万张，同比增长7%。社区养老服务设施已覆盖全部城镇社区和50%以上的农村社区。

建立健全了困难残疾人生活补贴和重度残疾人护理补贴、推进康复辅助器具产业发展的制度措施。颁布实施了《慈善法》，出台了《志愿服务条例》，促进慈善事业健康发展。残疾人两项补贴（生活补贴和护理补贴）分别惠及逾千万残疾人。加强了慈善组织认定、慈善组织公开募捐等方面的引导管理。各类慈善活动广泛开展，每年全国社会捐赠额达到500亿元以上。加强福利彩票发行管理，仅2012—2017

年福利彩票累计销售就达约 9315 亿元，筹集公益金约 2500 亿元，有力支持了社会公益事业发展。健全了退役士兵安置、烈士纪念等制度措施，连年提高重点优抚对象有关抚恤补助标准，烈士、因公牺牲军人、病故军人的遗属定期抚恤金标准实现城乡一体。出台了加强农村留守儿童关爱保护和困境儿童保障的政策措施，农村留守儿童关爱保护体系全面构建，近 50 万孤儿和艾滋病病毒感染儿童纳入政府保障。

社区建设全面加强，城乡社区服务体系更加健全。截至 2020 年底，城乡社区综合服务设施覆盖率分别达到 96.4% 和 83.7%，同比增长 17.7% 和 37.6%。注册志愿者达到 1.8 亿人，占居民人口比例超过 13%。

商业保险

从发达国家的经验看，商业保险既是"助推器"，也是"稳定器"，可以有效减轻国家财政负担，缓解政府在社会保障体系中的压力，对社会保障体系建设至关重要。在中国，商业保险业恢复于 20 世纪 80 年代中期，20 世纪 90 年代和 21 世纪初得到初步发展。

2008 年启动新医改为商业健康保险的发展提供了新的机遇。特别是 2012 年以来大病保险试点相关工作逐步全面推开，极大地推动了商业健康保险的发展。中国的贫困人口中，因病致贫、因病返贫占了很大比例，通过大病保险给他们一个最基本的保障，就能把社会的"最低线"兜住，也就安定了民心，所以说大病保险的探索实现了社会保障、扶助贫困、商业保险三赢的结果。大病保险的实践进一步增强了政府和公众对商业保险重要性的认识。2014 年 8 月，国务院发出《关于加快发展现代保险服务业的若干意见》，提出要把商业保险建成社会保障体系的重要支柱，使其逐步成为个人和家庭商业保障计划的主要承担者、企业发起的养老健康保障计划的重要提供者、社会保险市场化运作的积极参与者。随后，国务院和有关部门先后针对商业健康保险

图 3-2-4 近年保险行业保费收入及增速情况

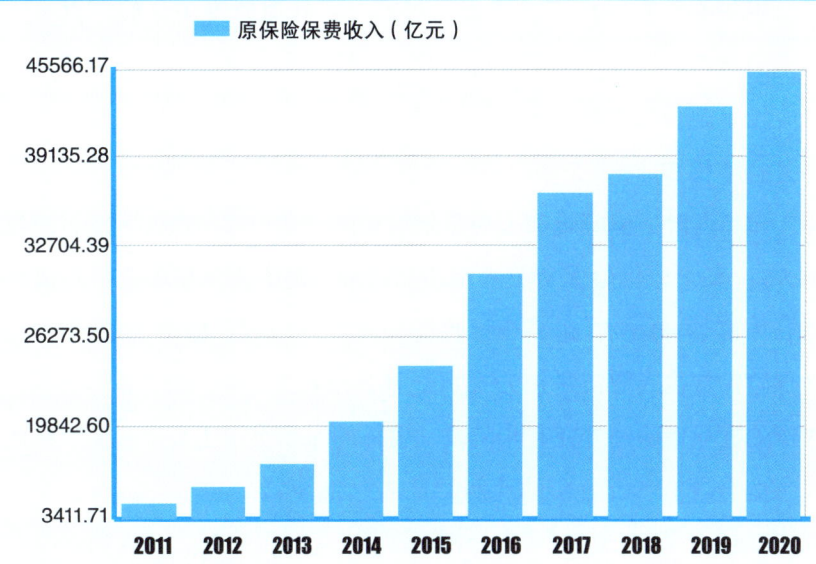

■ 原保险保费收入（亿元）

图 3-2-5 中国和全球保险密度和保险深度比较（单位：美元，%）

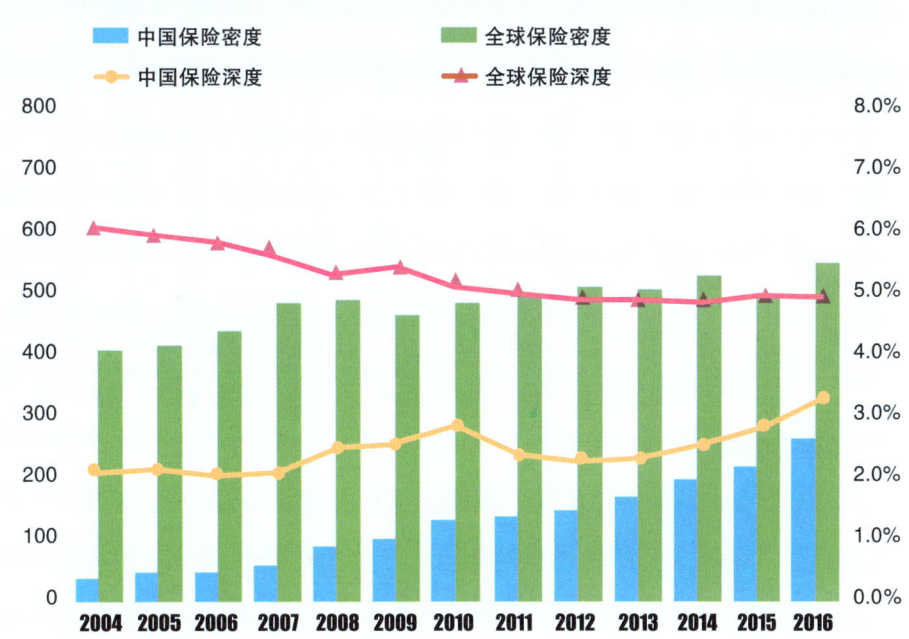

■ 中国保险密度　　　　■ 全球保险密度
○ 中国保险深度　　　　▲ 全球保险深度

和商业养老保险的发展做出了具体的政策规定和目标要求。

近年来伴随居民可支配收入提高、自我风险意识增强，以及人口老龄化不断加深，特别是得到政府政策的强力推动，中国的商业保险开始呈现快速发展的势头。2013-2017 年，中国原保险保费收入年均复合增长 20.7%，5 年间原保险保费收入增加了 19358.77 亿元。其中，包括寿险、健康险和人身意外险在内的人身险保费收入复合增长 24.8%，高于原保险保费收入增速；特别是健康险保费收入年均复合增长率高达 40.6%，远高于原保险保费收入增速。截至 2020 年，商业保险保费收入增长到 8173 亿元，同比增长 15.7%。但是总体上看，中国的商业保险尚处在起步阶段，发挥的保障作用还很弱。保险在居民家庭金融资产配置中的比例，日本为 26.8%，美国为 32.6%，中国只有 2.1%。直到 2016 年底，中国保险市场的保险密度（人均保险费额）和保险深度（保费与 GDP 之比）仍仅为 329 美元和 4.2%，距离同期全球保险市场的 689 美元的保费密度和 6.2% 的保费深度还存在着不小差距。当然，差距便是潜力，2019 年，我国保险深度为 4.3%，保险密度首次超过 3000 元，发展趋势是明显的。

三、走向更加公平、可持续的全民参保计划

进入"十二五"（2011—2015）时期，中国社会保障覆盖范围从城镇扩大到农村，从国有企业扩大到各类用人单位，从职工扩大到灵活就业人员和城乡居民，越来越多的人享有了基本社会保障，并解决了一批历史遗留的突出问题，社会保障水平有较大幅度提高。如 2014 年国务院决定将新型农村社会养老保险和城镇居民社会养老保险合并实施，在全国范围内建立制度名称、政策标准、管理服务、信息系统"四统一"的城乡居民基本养老保险制度。统一的城乡居民基本养老保险制度建立以来，参保人数稳步增加，基金规模持续扩大，保障水平逐

2015 年 1 月 14 日，国务院发布《关于机关事业单位工作人员养老保险制度改革的决定》。方案明确，机关、事业单位建立与企业相同基本养老保险制度，实行单位和个人缴费，改革退休费计发办法。

步提高，经办服务更加便民。中国的城乡居民基本养老保险已成为世界上参保人数最多、受益面最广的基本养老保险制度，对保障改善民生、调节收入分配、促进社会和谐、助力脱贫攻坚发挥了积极作用，不仅受到广大城乡居民衷心拥护，而且在国际上得到普遍赞誉。随着城乡基本养老保险制度全面建立、全民医疗保险制度体系逐步健全、社会救助制度体系建设加快推进、社会福利制度体系不断完善，中国社会保障制度体系基本形成。

　　但是，中国的社会保障体系建设时间不长，一直到"十二五"期末才基本形成，在制度建设和实施中仍然存在一些亟待解决的矛盾和问题，有些还比较突出：

　　——公平性不足，覆盖面还有欠缺。全国还有 1 亿多人没有参加基本养老保险，主要是部分非公经济组织员工、城镇灵活就业人员、

表 3-3-1 "十三五"时期社会保障主要指标			
指标	2015 年	2020 年	
		规划	完成
基本养老保险参保率（%）	82	90	91
基本医疗保险参保率（%）	95	>95	>95
失业保险参保人数（亿人）	1.73	1.8	2.17
工伤保险参保人数（亿人）	2.14	2.2	2.68
社会保障卡持卡人口覆盖率（%）	64.6	90	95.4
资料来源：人力资源与社会保障部、国家卫生健康委员会。			

农民工以及部分农村居民等。还有部分群体没有参加基本医疗保险制度，建筑业等高职业风险行业农民工参加工伤保险的比例比较低，这些人员还不能充分享受到社会保障权益。社会救助制度覆盖面还不够，特别是失能、半失能老人护理和事实无人抚养儿童的基本生活保障问题比较突出。待遇差别仍然较大。机关事业单位职工退休养老与企业职工退休养老待遇差距矛盾突出，社会反应强烈。近年机关事业单位养老保险制度改革虽已启动，但后续改革的任务仍然艰巨。

——适应流动性不够。在我国加速城镇化进程中，人口大规模流动的特点突出，特别是外出流动就业的农民工多达 1.7 亿人，而现行社会保障管理体制和方式对这一特征的适应性不足。养老保险关系跨地区、跨制度转移接续还存在不及时、不顺畅的问题，导致部分群体中断参保。异地劳务派遣人数较多，造成劳动关系和社保权益认定复杂化，农民工在流入地一旦发生职业风险或面临突发性、临时性困难，很难获得必要保障和救助。

——可持续性不强。社会保障筹资渠道仍偏窄。目前各项社会保险缴费比例已经较高，财政投入也大幅度增加，但面对老龄化高峰的迫近，养老抚养比持续增高，医疗费用上涨，社保基金要保持长期收支平衡仍承受着很大压力，急需进一步拓宽筹资渠道。养老方面，目前仍在单纯依靠养老保险，职业年金举步维艰，商业养老保险尚处在起步阶段，在政府收入增速下降、社会保障支出刚性需求不断上升的背景下，政府财政将越来越力不从心。

"十三五"（2016—2020）时期，中国坚持全民覆盖、保障适度、权责清晰、运行高效的原则，稳步提高社会保障统筹层次和水平，建立健全更加公平、更可持续的社会保障制度。重点做好了以下几个方面的工作：

——努力实现法定人员全覆盖。全面实施全民参保计划，促进和引导各类单位和符合条件的人员长期持续参保。到"十三五"期末，养老保险覆盖率提高到90%左右，基本实现全覆盖。医疗保险已经基本实现了全民医保，"十三五"期间参保率稳定在较高水平。

——健全和完善社会保险制度。养老保险方面，推出养老保险制度改革总体方案，制定出台职工基础养老金全国统筹方案、渐进式延

表 3-3-2 "十三五"时期全民参保计划

01 开展全民参保登记

依据社会保险法等法律法规规定，以社会保险全覆盖和精确管理为目标，通过信息比对、数据采集、入户调查、数据集中管理和动态更新等措施，对各类人员参加社会保险情况进行记录、补充完善，建立全面、完整、准确的社会保险基础数据库，形成每个人唯一的社保标识，并实现动态更新，为全面参保和精确管理提供支持。

02 做好重点群体参保工作

在城镇继续以中小微企业、灵活就业人员为重点扩大参保覆盖面；在农村以在城乡之间流动就业和居住农民为重点，鼓励持续参保；积极引导在城镇稳定就业的农民工参加职工社会保险；同时对高风险行业实施工伤保险扩面专项行动，并探索推进网络就业、创业等新型业态群体参保。

资料来源：人力资源与社会保障部《人力资源和社会保障事业发展"十三五"规划纲要》

表 3-3-3 "十三五"时期完善社会保险制度相关内容

01 实现职工基础养老金全国统筹

研究制定职工养老保险基础养老金全国统筹经办规程、经办机构建设和经费保障制度。

02 健全城乡居民养老保险制度

完善并落实多缴多补、长缴多得、助残扶贫等政策,适时提高最低缴费档次,推进基金省级管理和投资运营,提升基层经办服务能力。

03 完善失业保险制度

积极推进《失业保险条例》修订工作,研究拟定条例相关配套政策。进一步完善失业保险援企稳岗政策。研究健全失业保险金标准与物价上涨挂钩联动机制。

04 整合城乡居民基本医保制度

整合新农合和城镇居民医保,建立城乡统一的居民医疗保险制度,实现政策和经办管理的统一。

05 推进基本医保异地就医结算

加快推进基本医保异地就医结算,实现跨省异地安置退休人员住院医疗费用直接结算,并逐步扩大到符合转诊条件的异地就医人员住院费用。建立完善国家级异地就医管理和费用结算平台,逐步扩展应用范围。同步推进医保标准化建设。

06 深化医保支付方式改革

全面实行医保付费总额控制,建立复合式医保付费方式。规范各地医保待遇调整权限,合理确定支付标准。建立完善医保经办机构与医疗机构和药品供应商的谈判机制。全面推行运用医疗服务监控系统,强化医疗服务协议管理。

07 生育保险和基本医疗保险合并实施

完善生育保险政策,实行生育保险与基本医疗保险参保人员登记、缴费、管理、经办、信息系统统一。

08 建立健全预防、补偿、康复相结合的工伤保险制度体系

制定工伤预防费使用管理办法。推进完善工伤康复体系建设。推进工伤认定依法行政工作。完善劳动能力鉴定标准及政策体系。建设国家级和区域性工伤康复示范平台。

09 探索建立长期护理保险制度

通过在部分地方开展试点,探索建立以社会互助共济方式筹集资金,为长期失能人员的基本生活照料和与基本生活密切相关的医疗护理提供基金或服务保障的社会保险制度。

资料来源:人力资源与社会保障部《人力资源和社会保障事业发展"十三五"规划纲要》

迟退休年龄方案、完善职工养老保险个人账户政策、遗属待遇和病残津贴政策等重大改革举措，积极构建包括职业年金、企业年金和商业保险在内的多层次养老保险体系。医疗保险方面，推动整合城乡居民医保政策和经办管理，全面实施城乡居民大病保险制度，积极推进异地就医结算，全面推进医保支付方式改革，改进个人账户，研究医疗保险和生育保险合并实施的办法，积极构建多层次的医疗保障体系。同时，不断健全失业保险预防失业、促进就业政策体系，建立健全预防、补偿、康复相结合的工伤保险制度体系。

——建立待遇正常调整机制。综合经济发展、收入增长、物价水平和各方面承受能力等因素，逐步建立和完善养老保险待遇的正常调整机制，统筹、有序提高退休人员基本养老金和城乡居民基础养老金标准，稳定参保人员的待遇预期。稳步扩大基本医疗保险保障范围，在加强医疗管理、节约医疗费用、保障患者基本医疗需求、基金结余适度的基础上，动态确定和调整基本医疗保险待遇。

——确保基金安全可持续运行。加强社会保障预算与一般公共财政预算的衔接，努力实现财政对社会保障投入的规范化和制度化。加强基金监管，建立行政监督和社会监督相结合的监督体系，健全社会保险欺诈查处和防范体制机制。积极稳妥推进社保基金投资运营，实现基金保值增值，不断夯实基金保障能力。

——建立更加高效便捷的管理服务体系。加强社会保障公共服务能力建设，加快健全覆盖城乡、普惠可及的社会保障公共服务网络，创新服务方式，推动公共信息资源开放共享。提升社保的信息化建设和应用水平。进一步完善社会保险关系转移接续政策措施，规范经办规程，为参保人员提供更加方便快捷的服务。

以上几个方面，在有关部门根据"十三五"规划纲要制定的专项规划中得到了具体的落实。政府严禁自行对企业历史欠费进行集中清缴，以免加大企业负担。但这个问题久拖不决，会使政府陷于两难的境地，一方面是养老金保障困难、财政负担较重，另一方面是企业成本较高、不断提出降低社会保险费率的要求。2016 年政府提出了一个阶段性降低社会保险费率的方案，这对稳定经济和就业无疑是必要的，但在经济下行压力较大、需要减税降负的大形势下势必会进一步加大财政负担。解决这一问题，把握好时机很重要。

国家"十四五"规划提出，健全养老保险制度体系，促进基本养老保险基金长期平衡。一是要实现基本养老保险全国统筹，放宽灵活就业人员参保条件，实现社会保险法定人群全覆盖。二是要完善划转国有资本充实社保基金制度，优化做强社会保障战略储备基金。三是要完善城镇职工基本养老金合理调整机制，逐步提高城乡居民基础养老金标准。四是要发展多层次、多支柱养老保险体系，提高企业年金覆盖率，规范发展第三支柱养老保险。五是要推进失业保险、工伤保险向职业劳动者广覆盖，实现省级统筹。六是要推进社保转移接续，完善全国统一的社会保险公共服务平台。

四、住房保障体系的确立和完善

住房商品化和"安居工程"

中国传统的城镇住房制度是一种以国家统包、无偿分配、低租金、无限期使用为特点的实物福利性住房制度。到改革以前，这一制度的弊端已充分暴露（欠账太多，包袱太重，分配不公，消费结构扭曲），最主要的是房源短缺，难以为继，20 世纪 70 年代末城镇居民人均居住面积甚至不及 50 年代，公有住房占七成以上。有鉴于此，1978 年和 1980 年邓小平两次谈到住房制度改革的思路。于是，国家开始试售住房，允许私人建房、私人购房、私人拥有自己的住房。其后，从1986 年开始试行提租补贴，1991 年开始试行以售代租，从 1994 年开始全面推进住房商品化、社会化，相应建立起了住房公积金制度。

中国住房保障体系的建立已经历 20 多年时间。

1994 年 7 月国务院下发的《关于深化城镇住房制度改革的决定》，提出要建立以中低收入家庭为对象、具有社会保障性质的经济适用房供应体系和以高收入家庭为对象的商品房供应体系，这一规定可以视为开始构建与社会主义市场经济体制相适应的城镇居民住房保障体系的标志。1998 年 7 月 3 日发布的《国务院关于进一步深化城镇住房制度改革加快住房建设的通知》，宣布了三项重要措施：（1）停止住房实物分配，实行住房分配货币化；调整住房投资结构，重点发展经济适用住房，加快解决城镇住房困难居民的住房问题。（2）建立和完善以经济适用住房为主的住房供应体系，对不同收入家庭实行不同的住房供应政策。最低收入家庭租赁由政府或单位提供的廉租住房；中低收入家庭购买经济适用住房。对高收入家庭购买、租赁的商品住房，实行市场调节价。（3）发放住房补贴。自此，与新的住房制度相配套的住房保障体系初露端倪。

1995 年开始的成规模的保障性住房建设被称作"安居工程"。这一年年初，国务院住房制度改革领导小组下发了《国家安居工程实施方案》，提出从 1995 年起，在原有住房建设规模基础上，新增安居工程建筑面积 1.5 亿平方米，用 5 年左右时间完成。国家安居工程住房直接以成本价向中低收入家庭出售，并优先出售给无房户、危房户和住房困难户，在同等条件下优先出售给离退休职工、教师中的住房困难户，不售给高收入家庭。1998 年住房货币化迈出实质性步伐以后，各地相应加大了经济适用房的建设力度。1999 年，建设部先后单独或会同有关部门制定了《城镇廉租住房管理办法》《城镇最低收入家庭廉租住房管理办法》《廉租住房租金管理办法》《城镇最低收入家庭

在中国许多城市，房地产楼盘林立。

廉租住房申请、审核及退出管理办法》《已购公有住房和经济适用住房上市出售管理暂行办法》等一系列法规、规章，为新的住房保障体系做了一些制度上的铺垫。

但是进入新世纪以来，特别是自 2003 年《国务院关于促进房地产市场持续健康发展的通知》下发以来，各地本着经营城市的理念和住房市场化的取向，竞相将房地产业培植为支柱产业，大搞土地出让，相应地大搞商品房建设，房地产价格节节攀升，经济适用住房的建设投资陷入谷底且分配不公问题严重，加之建立廉租住房制度的目标未能完全落实，普通民众的基本住房需求无法得到满足，由此引发了许多社会矛盾。于是，从 2005 年 3 月 26 日国务院办公厅发出《关于切实稳定住房价格的通知》开始，政府连续出台调控措施给过热的房地产市场降温。但是，需求管理并未伴随供应结构上的变化，"安居工程"推进缓慢，这种局面一直到 2007 年国务院出台《关于解决城市低收入家庭住房困难的若干意见》，特别是 2008 年爆发国际金融危机之后，才有了明显改变。

保障性住房体系的逐步完善和建设力度的显著加大

经过几年来的房地产市场调控实践，中国政府增强了加快建立和完善住房保障体系的迫切性，逐步明确了政府的责任和宏观调控的主攻方向。主要是：强化政府住房保障职能，加快城镇廉租住房制度建设，规范发展经济适用住房，积极发展住房二级市场和租赁市场，有步骤地解决低收入家庭的住房困难。2007 年发出的《国务院关于解决城市低收入家庭住房困难的若干意见》，标志着从"重市场、轻保障"向着 1998 年房改政策"市场、保障并重"的正确方向的回归，从"重买房、轻租赁"向着"租、售并举"的合理模式的回归。

2007 年房改政策最大的亮点在于进一步明确提出了住房保障制度的目标和基本框架，即以城市低收入家庭为对象，进一步建立健全城市廉租住房制度，改进和规范经济适用住房制度，加大棚户区、旧住宅区改造力度，力争到"十一五"（2006—2010年）期末，使低收入家庭住房条件得到明显改善。这一年召开的中共十七大提出到2020年要实现"住有所居"的目标。2009年3月，中国政府明确提出，加快落实和完善促进保障性住房建设的政策措施，争取用三年时间，解决750万户城市低收入住房困难家庭和240万户林区、垦区、煤矿棚户区居民的住房问题。在2009年预算安排的中央重大公共投资中，有493亿元用于廉租房建设、棚户区改造、农村危房改造试点和少数民族地区游牧民定居工程建设。国务院有关部门及时制定了廉租住房保障规划，出台了有关农村危房改造的指导意见，确定在2009年采取实物配租和租赁补贴相结合的方式，解决260万户城市低收入住房困难家庭的住房问题，其中新增廉租住房177万套、新增发放租赁补

多年来火热的中国房地产市场开始降温。

2018 年 1 月 4 日，在贵州省仁怀市会展中心，一位住房困难户正在抽取公共租赁住房公开摇号号球。

贴 83 万户；解决 80 万户林区、垦区、煤矿的棚户区居民的住房改造；帮助 80 万个农村贫困户实施危房改造；继续推进游牧民定居工程。

2010 年国务院下发《关于坚决遏制部分城市房价过快上涨的通知》，要求加快保障性安居工程建设，保障性住房、棚户区改造和中小套型普通商品住房用地不低于住房建设用地供应总量的 70%，并优先保证供应；房价过高、上涨过快的地区，要大幅度增加公共租赁住房、经济适用住房和限价商品住房供应；确保完成 2010 年建设保障性住房 300 万套、各类棚户区改造住房 280 万套的工作任务。同年，住房和城乡建设部等七部门联合制定并下发了《关于加快发展公共租赁住房的指导意见》；年底召开的中央经济工作会议提出"要加快推进住房保障体系建设，加大保障性安居工程建设力度，逐步形成符合中国国情的保障性住房体系和商品房体系。"

2011 年中国政府宣布："十二五"期间，全国城镇保障性住房

拆迁安置居民选房现场。

覆盖面达到 20% 左右；2011 年再开工建设保障性住房、棚户区改造住房共 1000 万套；进一步落实和完善房地产市场调控政策，坚决遏制部分城市房价过快上涨势头。同年，中央花大力气进一步落实和完善房地产市场调控政策，扩大保障住房建设规模，建立健全考核问责机制。

2012 年全国新开工保障性住房和棚户区改造住房 770 万套，基本建成 550 万套，超额完成了年初制定的任务目标。据初步统计，截至 2011 年底，全国累计用实物方式解决了 2650 万户城镇低收入和中等偏下收入家庭的住房困难，实物住房保障受益户数占城镇家庭总户数的比例达到 11%。这一部分统计数据包括了廉租房、经济适用房、限价房和公租房，还有一部分棚户区改造计划的受益居民。除此以外，通过货币补贴形式受益于住房保障计划的居民约有近 450 万户。二者合并计算约有 3000 多万户，如按三口之家计算，总共有近 1 亿人通过不同形式的保障房解决了住房困难。这一时期，农村危房改造也实现了全覆盖，2008—2012 年累计支持了 1033.4 万贫困户实施危房改造。

总体上看，2007 年以来中国的保障性住房建设成就显著，大批城镇中低收入家庭的住房困难得到解决。2014 年起，各地廉租住房和公共租赁住房并轨运行，公租房、棚户区改造逐渐成为保障房建设的重点。同时鼓励发展共有产权保障房，调动群众改善住房条件积极性。

不过，这一时期的住房保障体系建设主要是针对包括流动人口在内的城镇居民而言的，农村还基本是一片空白。中共十七大以来，许

图 3-4-1 中国的住房保障体系基本框架

保障性安居工程

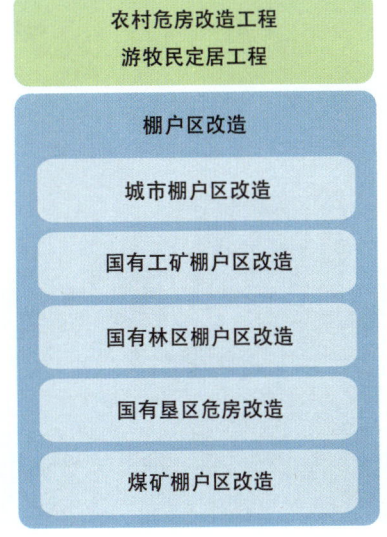
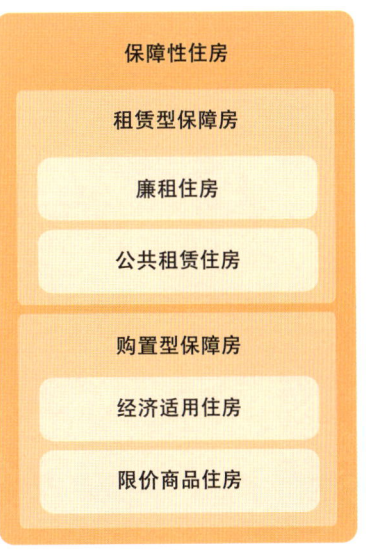

多地方针对农村困难群众的危旧房改造力度加大，也建起了一些经济适用房和奖励性住房，福建的闽侯还尝试建立了一套以实物配租为主、租赁补贴为辅的农村住房保障体系。2011 年 4 月，进行城乡统筹试验的成都市宣布，该市基于全域覆盖、基本保障、统一管理的原则，出台了《关于建立农村住房保障体系的实施意见（试行）》，将在 2012 年内全面建成农村住房保障体系。这被媒体称为中国首个农村住房保障制度，也是成都户籍改革的配套细则之一。

中共十八大以来住房保障的新理念新举措

中共十八大以来，中共中央高度重视人民住房问题。2013 年 10 月 29 日，中共第十八届中央政治局就加快推进住房保障体系和供应体系建设进行第十次集体学习。中共中央总书记习近平在主持学习时强调，加快推进住房保障和供应体系建设，是满足群众基本住房需求、实现全体人民住有所居目标的重要任务，是促进社会公平正义、保证人民群众共享改革发展成果的必然要求。各级党委和政府要加强组织

2019 年 6 月 26 日，安徽省芜湖市三山区西湖新城公租房。

2020 年 8 月 16 日，江苏省淮安市大运河畔新建的商品住宅楼。

领导，落实各项目标任务和政策措施，努力把住房保障和供应体系建设办成一项经得起实践、人民、历史检验的德政工程。他指出，加快推进住房保障和供应体系建设，要处理好政府提供公共服务和市场化的关系、住房发展的经济功能和社会功能的关系、需要和可能的关系、住房保障和防止福利陷阱的关系。只有坚持市场化改革方向，才能充分激发市场活力，满足多层次住房需求。同时，总有一部分群众由于劳动技能不适应、就业不充分、收入水平低等原因而面临住房困难，政府必须"补好位"，为困难群众提供基本住房保障。他还指出，从我国国情看，总的方向是构建以政府为主提供基本保障、以市场为主满足多层次需求的住房供应体系。要总结我国住房改革发展经验，借鉴其他国家解决住房问题的有益做法，深入研究住房建设的规律性问题，加强顶层设计，加快建立统一、规范、成熟、稳定的住房供应体系。要千方百计增加住房供应，同时要把调节人民群众住房需求放在重要位置，建立健全经济、适用、环保、节约资源、安全的住房标准体系，

政府改建的安居工程帮助很多人解决了住房困难。

倡导符合国情的住房消费模式。

此后，2016 年 12 月 14—16 日召开的中央经济工作会议首次提出"房子是用来住的，不是用来炒的"的定位。随后，习近平在主持召开中央财经领导小组第十四次会议时指出："要准确把握住房的居住属性，以满足新市民住房需求为主要出发点，以建立购租并举的住房制度为主要方向，以市场为主满足多层次需求"。此后，中央坚持"房住不炒"的主基调，为深化住房制度改革、保持房地产市场持续健康有序发展，指明了方向，提供了遵循。

近年来，中国政府探索出台多项举措，抑制房地产领域的投资投机需求、保障群众合理自住需求，在增加保障房供应、深化住房制度改革等多个方面取得了显著成效。

——首先，房地产调控成效显现，一线城市和部分热点二线城市房价涨幅回落，三四线城市房价趋于稳定，房地产市场保持了稳定发展。2013 年以来，中央与地方重拳频出，从限购、限贷、限价、监管等多个层面进行围堵，全力遏制房价上涨。2017 年，房地产市场更是步入"史上最严"调控时代，结果当年 8 月 15 个一线和热点二线城市新建商品住宅价格环比下降或持平，同比涨幅则全部回落。其中，广州和深圳新建商品住宅环比分别下降 0.7% 和 0.4%，北京、上海、深圳二手房环比均下跌，北京降幅最大，达到 0.9%。从一线城市当前房价指数的增幅来看，这是 2015 年 3 月份以来首次出现的房价环比下跌，说明此类城市房价的泡沫正在不断被挤压。2018 至 2020 年，房地产市场保持平稳健康发展，基本实现"稳地价、稳房价、稳预期"的目标。

——其次，拓宽资金渠道，多措并举增加保障房供应，全力满足住房困难群众的基本住房需要。人民银行通过抵押补充贷款工具为开发性金融支持棚户区改造提供资金支持；多地出台文件由政府收购普通商品房作为保障房来源。2015 年，我国创新保障性安居工程建设机制，逐步实行实物保障与货币补贴并举，鼓励社会资本参与保障性住房的建设和运营管理。"十二五"时期，全国累计开工城镇保障性安居工程住房4013万套，超额完成开工建设3600万套的任务。其中，改造棚户区住房2191万套，改造农村危房1794万户，城镇低收入家庭住房困难得到了明显缓解。"十三五"期间，全国棚改累计开工超过2300套，帮助5000多万居民搬出棚户区住进楼房。截至2019年底，3800多万困难群众住进公租房，累计近2200万困难群众领取了租赁补贴，低保、低收入住房困难家庭基本实现应保尽保，中等偏下收入家庭住房条件有效改善。中共十八大以来，加大对农村危房改造的支持力度，累计安排1625亿元补助资金、支持1659万贫困农户改造危房，帮助数千万贫困农民告别原来的破旧泥草房、土坯房、树皮房等危房，住上基本安全房。

——再次，按照"房住不炒"的定位，多主体供给、租购并举、政府保障基本需求的住房制度加快形成。2013年，住建部、财政部、国家发改委共同发布《关于公共租赁住房和廉租住房并轨运行的通知》，提出将廉租房建设并入公租房体系。2014年，政府首次提出建设"共有产权住房"，三年后《北京市共有产权住房管理暂行办法》正式实施。2016年，国务院办公厅出台《关于加快培育和发展住房租赁市场的若干意见》，12个城市经批准成为开展住房租赁试点，13个城市开展利用集体建设用地建设租赁住房试点。随后，各省市陆续出台了住房租赁政策，广州率先提出"租购同权"概念；一些企业已经开始进入住房租赁市场，向社会提供市场化的租赁住房；有关部门加紧制定专门针对住房租赁和销售的法律规范并向公众征求意见，等等。这一系列新的举措深得民心，给大批的城市"夹心层"（即游离在保障与市场之外的无能力购房群体）满足住房刚性需求带来了希望。

通过上述多方面的努力，我国城乡居民住房水平明显提高。2019年，城镇居民人均住房建筑面积达到39.8平方米，农村居民人均住房建筑面积达到 48.9 平方米。新建住房质量不断提高，住房功能和配套设施逐步完善。2019—2020 年，还安排了中央补助资金 1400 多亿元，支持各地改造城镇老旧小区 5.8 万个，惠及居民约 1043 万户。住房公积金制度不断完善，2016 年以来累计支持约 2000 万缴存人贷款购买住房，支持超过 2000 万缴存人提取住房公积金支付房租。"十三五"时期，我国还大力实施农村危房改造，着力补齐农村贫困人口住房安全短板，为打赢脱贫攻坚战奠定了坚实基础。2016 年以来，累计支持 522.4 万户建档立卡贫困户改造危房，支持 242.4 万户农村低保户、分散供养特困人员、贫困残疾人家庭等贫困群众改造危房，有效保护了农民群众生命财产安全。

同时也要看到，住房供需依然存在结构性矛盾，特别是租售结构不合理，一方面自有住房空置率较高，另一方面新就业职工、外来务工人员等新市民群体住房困难问题比较突出。部分城市房价上涨压力依然存在，房价收入比过高问题非常突出，防范和化解房地产市场风险任重道远。解决好住房问题是重大民生工程。国家"十四五"规划要求因城施策落实"稳地价、稳房价、稳预期"，租赁、保障协同发力缓解大城市住房难题。绝大多数城市在专项规划中也作出了相应的安排，提出要完善住房市场和保障体系，加快构建以公共租赁住房、保障性租赁住房和共有产权住房为主体的住房保障体系。"十四五"时期，棚户区改造将进入尾声，旧城改造将明显提速，可能会影响一部分增量购房需求，因此住房租赁体系建设的意义愈发凸显。2021 年 7 月发布的《国务院办公厅关于加快发展保障性租赁住房的意见》进一步提出若干政策，强调城市政府的主体责任，旨在通过加快发展保障性租赁住房，缓解新市民青年人等群体住房困难。

第四章 教育、健康与人力资源

　　教育和健康决定一国的国民素质。前者决定国民的文化和科技素质，后者决定国民的身体素质，二者一起形成人类的生产能力和发展潜力。当然，对国民素质的完整的考察，还应将道德素质考虑在内。

　　中国政府历来高度重视发展教育事业和健康事业。新中国成立以来特别是改革开放以来，在教育方面，义务教育全面普及，职业教育迅速发展，高等教育实现跨越式发展，继续教育不断推进，现代化教育体系初步形成，完成了教育大国、人力资源大国的崛起。在健康方面，医疗保障体系不断完善，卫生资源的总量也在持续增加，群众获得医疗服务的方便性明显改善，针对各种传染病的免疫规划工作成效显著，国民跨越温饱之后的安全营养保健意识不断增强。当然，这些成就的取得经历了曲折的过程，在许多领域与发达国家相比还有不小差距，中国由人口大国向人力资源强国迈进依然任重道远。

一、教育体制的改革和教育事业的发展

改革头 20 年教育制度和办学体制的变革

百年大计，教育为本。"文化大革命"结束后，在制度上率先得到恢复的就是教育，包括高考制度、重点学校制度、学校管理制度等等。这些制度自 20 世纪 80 年代开始发生实质性变化。在管理权方面，基础教育确定了地方负责、分级管理的原则，高等学校也逐步被下放、调整和合并，部门办学、条块分割的局面得到了根本性扭转，学校办学自主权扩大；农村教育从"分级办学"过渡到了"以县为主"，办学经费投入也由农业税附加、乡镇财政明确为"政府为主"。

在办学体制上，义务教育阶段的重点

1978—1988 年间，中国广大农村学校贯彻德、智、体、劳全面发展的教学方针。

2006年1月25日，教育部举行新闻发布会，介绍教育改革与发展的最新情况。

学校制度恢复了一个阶段后逐步被取消，但自90年代中期开始又出现了1000所"示范性普通高中"，择校现象和收费现象并未明显改观；高等学校教育受到空前重视，"211工程"和"985工程"相继推出，各地涌现出一批行政主导的超大型的高等学校，随之而来的是高校占用土地和配套资源的大幅扩张，以及从1999年开始服从于"高等教育大众化"目标的连年大幅扩招。

1992年明确提出经济体制改革的目标是建立社会主义市场经济体制以后，教育界围绕教育市场化和产业化展开热烈讨论，在非义务教育阶段开始采取收费政策（辅之以多种形式的扶持和奖励政策）。多渠道筹措教育经费弥补了财政性投入的不足，也使教育经费的构成多样化，来自社会团体和公民个人的办学经费，社会捐资、集资办学经费，学费、杂费和其他收入的非财政性教育经费一度占到了教育经费总额的三成以上，民办教育有所发展，校办企业一度成为热潮。为满足扩张需要，不少学校尤其是高等院校大量借贷，从此背上了沉重的债务负担。教育的市场化和产业化一定程度上背离了教育作为公共产品的属性，加上家长对独生子女普遍、过高的期望和现实中日渐突出的就业压力，以及学校的升学率竞争，学生的学业负担和家长的教育负担不断加重，优质教育资源源源不断地流向基础较好的地区和学校，资源配置严重失衡，地区之间和城乡之间的差距拉大，部分地区特别是农村贫困地区的青少年辍学率升高，教育不公平问题凸显。

可以说，改革开放头 20 年的教育事业成就很大，问题也很多。成就主要体现在纵向发展上：各级教育毛入学率除小学以外都有幅度不小的提升，1992—2002 年，初中阶段教育毛入学率从 71.8% 提高到 90.0%，高中阶段教育毛入学率从 26.0% 提高到 42.8%（全口径），

表 4-1-1　2002 年以来全国教育经费投入情况 单位：亿元		
	全国教育经费总投入	国家财政性教育经费
2002 年	5480.0	3491.4
2003 年	6208.3	3850.6
2004 年	7242.6	4465.9
2005 年	8418.8	5161.1
2006 年	9815.3	6348.4
2007 年	12148.1	8280.2
2008 年	14500.7	10449.6
2009 年	16502.7	12231.1
2010 年	19561.8	14670.1
2011 年	23869.3	18586.7
2012 年	28655.3	23147.6
2013 年	30364.7	24488.2
2014 年	32806.5	26420.6
2015 年	36129.2	29221.5
2016 年	38888.4	31396.3
2017 年	42562.0	34207.8
2018 年	46143.0	36995.8
2019 年	50178.1	40046.6
2020 年	53014.0	42891.0
资料来源：国家统计局官网国家数据。		

高等教育毛入学率从 3.9% 提高到 15.0%；基本普及九年义务教育和基本扫除青壮年文盲的"两基"目标初步实现，学前教育和特殊教育取得长足进步，形式多样的职业技术教育和成人教育全面发展；高等教育规模显著扩大，2000 年大学生在学人数达到 1100 万人左右，研究生在学人数由 1980 年的 2.2 万人增加到 30.1 万人；对外教育交流与合作不断扩大，派出留学人员和来华留学人员规模均有较快增加；教育改革全面推进，法制建设成就显著；办学条件有所改善，办学质量有所提升，等等。

问题主要体现在横向对比上，除了上述教育市场化和产业化带来的一些突出问题以外，与发达经济体相比，中国教育事业的发展水平还有不小的差距，主要体现在公民人均受教育年限、办学体制和经费投入上。与发达经济体相比，中国的人均受教育年限还处于低水平（尽管与 70 年代末 80 年代初相比已经提高了将近 1 倍），这一点后面介绍中国人力资源的总体状况时再详谈。在办学体制上，中国与发

图 4-1-1　2002—2019 年国家财政性教育经费增长形势

达经济体不同，政府集中了办学和管理的职能，公办学校仍占绝对统治地位。2001年，全国各级各类民办教育机构在校生566万人，仅占教育总规模的2.5%。其中，民办小学、中学、高校在校生占全国在校生总数的比例仅为1.5%、3.0%、9.0%。1996年，美国、韩国、法国三国私立小学在校生人数分别占在校生总数的比例为12%、1%、15%；私立中学在校生人数分别占10%、38%、20%；1999年，三国专业技术型私立高校在校生人数占该类高校在校生总数的比例为7.4%、86.0%、26.3%；学术研究型私立高校在校生人数分别占34.5%、76.5%、9.8%。与发达经济体相比，中国教育总体投入水平低下。2001年，中国教育经费总量占GDP的比重仅为4.83%，而OECD（经济合作与发展组织）国家在1998年就达到了5.8%的平均水平，韩国、美国、加拿大等国家则超过了6%，甚至达到7%。中国2001年财政性教育投入占GDP的3.19%，低于美国1997年2.2个百分点，也低于1998年巴西、马来西亚、泰国等发展中国家4.63%、4.49%、4.27%的水平。义务教育经费中政府承担比例偏小。2001年，中国义务教育总投入中，财政性教育经费只占63.2%。初中教育经费中政府预算内教育经费所占比例小于60%，小学小于70%。而在1998年，OECD国家初等、中等及中学后教育经费中，财政性教育经费平均比例已达到了90.9%。

新世纪以来教育体制改革和教育事业发展的几大亮点

新世纪以来特别是中共十六大以来，深入实施科教兴国战略和人才强国战略，教育事业取得很大发展。

——国家财政对教育的投入水平提升，国家财政性教育经费占GDP的比重达到4%的既定目标。早在1993年下发的《中国教育改革和发展纲要》就明确提出：要"逐步提高国家财政性教育经费支出（包括：各级财政对教育的拨款，城乡教育费附加，企业用于举办中小学

图为福建省福州市中心小学排队等候放学的学生。

的经费，校办产业减免税部分）占国民生产总值的比例，本世纪末达到百分之四，达到发展中国家八十年代的平均水平。计划、财政、税务等部门要制定相应的政策措施，认真加以落实。"但是，多年来，指导思想上单纯追求经济增长的片面发展观导致以 GDP 作为地方政绩考核的主要指标，加之实用主义盛行，政府和市场"两只手"的边界模糊不清，财政性教育投入的增加受体制约束裹足不前，国家财政性教育经费占 GDP 的比重在 2006 年以前一直徘徊在低于 3% 的水平，仅有的投入也严重失衡。

中共十六大以来，包括教育在内的社会事业的发展受到重视。2006 年十届全国人大四次会议审议通过的《国民经济和社会发展第十一个五年规划纲要》和中共十六届六中全会作出的《中共中央关于构建社会主义和谐社会若干重大问题的决定》两次重申了 4% 的指标要求，国家财政性教育经费从这一年开始突破 3% 并逐年有所上升。此后，国家领导人反复强调"三个优先"（经济社会发展规划要优先安排教育发展，财政资金要优先保障教育投入，公共资源要优先满足教育和人力资源开发需要），要求在财力支持上尽快形成科学规范的制度。根据中共十七大精神制订的《国家中长期教育改革和发展规划纲要（2010—2020年）》明确提出"提高国家财政性教育经费支出占国内生产总值比例，2012年达到4%。"最终，从2012年开始，国家财政性教育经费占GDP的比重连续达到并超过4%的水平（参见表4-1-1和图4-1-1）。当然，横向对比的话，中国的公共财政对教育的投入与发达经济体还有不小差距。

——教育体制进一步改进，教育公平迈出重大步伐。在管理体制方面，各级政府之间对各级各类教育管理的职责与权限更加明确：义务教育实行国务院领导、省级人民政府负责统筹规划实施、以县级人民政府管理为主；职业教育实行在国务院领导下，分级管理、地方为主、政府统筹、社会参与；高等教育实行中央和省级人民政府两级管理、以省级人民政府管理为主。在办学体制上，政府与学校的关系逐步理顺，学校的办学自主权初步得到保障，以政府办学为主体、公办学校和民办学校共同发展的格局基本形成。在投入体制上，建立健全了公共教育财政制度，政府对公共教育的保障责任得到加强；非义务教育阶段成本分担机制更加完善，形成了义务教育由政府负全责、非义务教育阶段以政府投入为主、多渠道筹措教育经费的体制机制。教育开放进一步扩大，对外交流日益密切，孔子学院蓬勃发展且影响越来越大。与此同时，2006年和2008年全国农村和城市先后实现义务教育全免费，惠及1.6亿多适龄儿童少年；从学前教育到研究生阶段完整的家庭经济困难学生资助体系初步建立。义务教育均衡发展取得实质性进展，教育乱收费现象得到遏制，农民工随迁子女、残疾人受教育权利得到切实保障。公共教育资源向农村地区、边远贫困地区和民族地区倾斜，2004年以来相继实施的农村寄宿制学校建设工程、中西部农村初中校舍改造工程、全国中小学校舍安全工程以及农村义务教育

年份	学前三年教育	小学教育	初中阶段教育	高中阶段教育		高等教育
	按各地相应学龄计算	按各地相应学龄计算	12—14周岁	15—17周岁		18—22周岁
				职前	全口径	
1991		109.5	69.7	23.9		3.5
1992		109.4	71.8	22.6	26.0	3.9
1995		106.6	78.4	28.8	33.6	7.2
2000		104.6	88.6	38.2	42.8	12.5
2002	36.8	107.5	90.0	38.4	42.8	15.0
2005	41.4	106.4	95.0	50.9	52.7	21.0
2010	56.6	104.6	100.1		82.5	26.5
2012	64.5	99.9※	102.1		85.0	30.0
2015	75.0	99.9※	104.0		87.0	40.0
2017	79.6	99.9※	103.5		88.3	45.7
2019	83.4	99.9※	102.6		89.5	51.6

表 4–1–2　中国若干年份各级教育毛入学率情况（单位：%）

※ 为净入学率。

资料来源：教育部官网。

薄弱学校改造计划，极大地改善了农村学校的办学条件。

　　——教育普及水平持续提升，教育教学质量有所提高。学前教育发展加快，义务教育实现历史性跨越，高中阶段教育普及提速，高等教育大众化水平提高。如表 4–1–2 所示，2002—2012 年，各级教育的毛入学率，学前阶段由 36.8% 提高到 64.5%；义务教育阶段初中教育提升了 10 个百分点以上，从而与小学教育一起实现了全面普及；高中阶段教育全口径从 42.8% 提高到 85.0%；大学阶段教育从 15% 提高到 30%，同样提高了一倍。中小学领域符合素质教育要求的新课程体系基本建立，学生综合素质有所提高。职业教育的战略地位更加突出，以服务为宗旨、以就业为导向的办学模式基本形成。高等教育由外延扩张转向内涵发展，高水平大学和重点学科建设明显加强，但毕业大学生就业问题开始凸现。民族教育发展水平不断提高，政策支持和对口支援卓有成效。师资力量不断扩充，教育信息化进程持续提速。

教育领域深化改革的目标、举措和阶段性成效

当前，中国的教育形势发生了深刻变化。中国正举办着世界最大规模的教育，各级各类学校组织的复杂化、结构的多样化、水平的差异化以及人民群众教育诉求的个性化都在不断增强。大规模的人口流动以及经济全球化、信息化对教育理念和方式带来全方位的冲击，经济和社会的全面转型也给教育的质量、作用和国际竞争能力提出了更高的要求。实现国家现代化，教育必须率先现代化。中共十八大明确提出，到 2020 年让世界最大教育体系整体进入现代化，这个任务十分艰巨。

中国政府 2010 年公布的《国家中长期教育改革和发展规划纲要

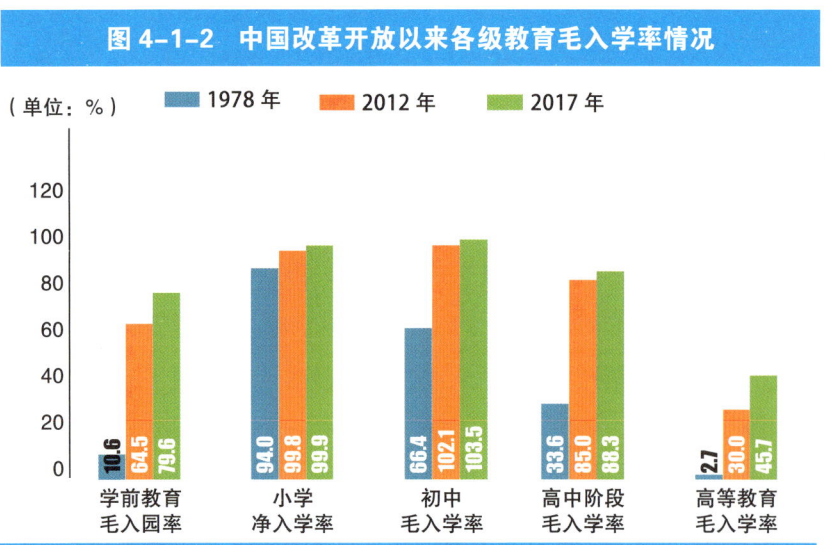

图 4-1-2　中国改革开放以来各级教育毛入学率情况

（单位：%）　■ 1978 年　■ 2012 年　■ 2017 年

	学前教育毛入园率	小学净入学率	初中毛入学率	高中阶段毛入学率	高等教育毛入学率
1978 年	10.6	94.0	66.4	33.6	2.7
2012 年	64.5	99.8	102.1	85.0	30.0
2017 年	79.6	99.9	103.5	88.3	45.7

学前教育快速发展，义务教育全面普及，中高阶段教育基本普及，高等教育跨越式发展，从人口大国向人力资源强国迈进。

（2010—2020 年）》将学前教育纳入规划，提出基本普及学前教育；要求减轻中小学生课业负担，允许进城务工人员随迁子女在当地参加升学考试；提出逐步实行中等职业教育免费制度，推进政校分开、管办分离，推进中小学教师职称改革，推进高校分类入学考试，纠正对民办教师歧视。对诟病已久的校际差距和择校难题，尤其是中小学，规划纲要提出：义务教育阶段不得设置重点学校和重点班；加快薄弱

表 4-1-3 全面建成小康阶段教育事业发展主要目标

指标	单位	2009 年	2015 年	2020 年
学前教育				
学前教育	万人	2658	4265	4500
幼儿在园人数	%	74.0		
学前一年毛入园率	%	65.0		
学前两年毛入园率	%	50.9	75.0	85.0
九年义务教育				
在校生	万人	15772	14004	15000
巩固率	%	90.8	93.0	95.0
高中阶段教育 *				
在校生	万人	4624	4038	4130
毛入学率	%	79.2	87.0	90.0
高等教育 **				
在学总规模	万人	2979	3647	3850
在校生	万人	2826	3452	3680
其中：研究生 ***	万人	140	191	230
毛入学率	%	24.2	40.0	50.0
继续教育				
从业人员继续教育	万人次	16600		35000

注：* 含中等职业教育学生数；** 含高等职业教育学生数；*** 不含非全日制。
资料来源：教育部官网。

学校改造，着力提高师资水平；实行优质普通高中和优质中等职业学校招生名额合理分配到区域内初中的办法；在保证适龄儿童少年就近进入公办学校的前提下，发展民办教育，提供选择机会等等。

从到"十二五"末的实际执行结果来看，九年义务教育和高中阶段教育全都实现了规划目标，高等教育毛入学率比规划目标提高了4个百分点，学前教育更是显著超过了规划目标。有鉴于此，2017年初印发的教育事业发展"十三五"规划对2020年全面建成小康社会时的规划目标，在2010年《国家中长期教育改革和发展规划纲要（2010—2020年）》的基础上做了调整，学前教育三年毛入园率从70%（2015年已经达到75%）提高到了85%，高等教育毛入学率从40%（2015年已经达到）提高至50%，九年义务教育和高中阶段教育的规划目标基本保持不变，如表4-1-3所示。

中共十八大、十九大以来继续把教育摆在优先发展的战略地位，

2019年，全国教育经费总投入首次超5万亿元，有力推动了中国教育总体发展水平。图为福州市仓山区第五中心小学学生在教室学习。

山东省滨州市最偏远的乡村小学建立了校图书室。

部署一系列改革方案、政策措施和工程项目，推动教育事业不断取得新的进展。

在经费投入方面，以政府投入为主、多渠道筹集教育经费的体制不断健全。城乡统一的义务教育经费保障机制进一步巩固完善，以改革和绩效为导向的高职院校和中职学校生均拨款制度全面建立，普通高校生均拨款水平逐步提高，研究生教育财政拨款制度进一步健全，学前教育和普通高中投入力度不断加大，中央对地方教育转移支付逐年增加，扩大社会投入的法律法规和政策进一步完善。全国教育经费总投入逐年稳步增长，从 2012 年的 28655 亿元增至 2018 年的 46143 亿元，增长 61%，平均每年增加超过 2900 多亿元，国家财政性教育经费占 GDP 比重连续保持在 4% 以上。随着教育投入体制的不断健全和投入力度的不断加大，各级教育经费总投入、财政性经费和生均经费总支出的水平逐年提高，为教育事业发展提供了有力支撑。

2018 年 8 月 27 日国务院办公厅印发的《关于进一步调整优化结构提高教育经费使用效益的意见》，明确规定政府财政支出要优先保障教育，保证国家财政性教育经费支出占国内生产总值比例一般不低于 4%，确保一般公共预算教育支出逐年只增不减，确保按在校学生人数平均的一般公共预算教育支出逐年只增不减。这是中国政府按照《教育法》规定对保障教育经费投入做出的基本承诺。

在体制改革方面，从深化考试招生制度改革，到统筹推进世界一流大学和一流学科建设；从统筹推进县域内城乡义务教育一体化改革发展，到全面深化新时代教师队伍建设改革、规范校外培训机构发展等等，一系列顶层设计方案陆续发布。考试招生制度改革是教育领域综合改革的重点，通过改进招生计划分配方式、改革考试形式和内容、改革招生录取机制、改革监督管理机制、启动高考综合改革试点等几个方面综合施策，改变以往的唯分数论影响学生全面发展，一考定终身使学生学习负担过重，区域、城乡入学机会存在差距，中小学择校现象较为突出等弊端，争取到 2020 年，基本建立中国特色现代教育考试招生制度，形成分类考试、综合评价、多元录取的考试招生模式，健全促进公平、科学选才、监督有力的体制机制，构建衔接沟通各级各类教育、认可多种学习成果的终身学习立交桥。

在义务教育领域，针对民众关切较多的一些热点问题和关系到全面建成小康社会目标实现的一些短板，政府出台了一系列政策措施，如完善义务教育免试就近入学、统筹推进县域内城乡义务教育一体化改革发展、实施乡村教师支持计划、发挥信息化对教育改革发展的支撑与引领作用、保障困难群体平等受教育权利等。未来若干年，义务教育领域保基本、补短板的力度还会不断加大。

教育事业发展"十三五"规划提出，要推进基本公共教育服务均等化，着力提高基本公共教育服务的覆盖面和质量水平。"十三五"时期，实施了一系列重大工程项目，重点是推动义务教育均衡优质发

2017 年 6 月 7 日，2017 年高考大幕正式拉开，上海 5 万余名考生步入考场，参加考试。2017 年是上海实施全新的高考改革方案的第一年，实施"3+3"新高考方案。

展，推进义务教育学校标准化建设，扩大实施农村教师特岗计划，扩大农村义务教育学生营养改善计划范围，实现"两免一补"城乡全覆盖，让老百姓享受更加均衡和优质的义务教育；新增教育资源重点向中西部、贫困地区、革命老区、民族和边疆地区倾斜，加快提高这些地区的教育发展水平，缩小区域发展差距；加大对乡村教育的投入，继续实施乡村教师支持计划，提高乡村教师队伍素质，推进城乡义务教育一体化发展。针对高中阶段教育尚未普及、学前教育入学率偏低的问题，实施学前三年行动计划，健全学前教育投入机制，扩大普惠性学前教育资源，提高入园机会和保教保育质量；实施高中阶段教育普及攻坚计划，重点提升中西部地区高中阶段教育的普及水平。

教育扶贫是打赢扶贫攻坚战的重要配套措施之一，主要是基于"治贫先治愚，扶贫必扶智"的理念，通过教育投入、教育资助和教育帮扶等多种方式，扭转、重塑当地文化，帮助贫困人口学习、掌握脱贫知识技能，改善、提升人口素质，开发人力资源，改变贫困地区的经济文化与贫困人口的整体面貌，产生持久的扶贫效果，最终达到脱贫的目的。教育事业发展"十三五"规划提出，实施教育脱贫攻坚行动，实现家庭经济困难学生资助全覆盖，让贫困家庭子女通过教育摆脱贫困、阻断贫困代际传递。规划还提出为残疾学生提供合适的教育，做好随迁子女和留守儿童教育工作，进一步完善随迁子女在流入地就学和升学考试的政策措施，加强对留守儿童的关爱保护等等。这些措施产生了积极效果。多项研究和中国实践都表明，受过教育的人口数量是经济增长和减少贫困的关键前提之一。联合国教科文组织内罗毕办事处的专家发现，如果青年劳动力多受教育 1 年，其工资就会增加10%。

目前，中国教育总体发展水平进入世界中上行列。具体来说，小

中国的高等教育实现跨越式发展，在人才培养、科技创新和社会服务方面作出了突出贡献。图为 2018 年 6 月 30 日，中国一大学本科生毕业典礼现场。

学学龄儿童净入学率、初中阶段毛入学率超过或相当于高收入国家平均水平，高中阶段毛入学率高于中高收入国家的平均水平。2019年全国学前教育毛入园率为83.4%，小学学龄儿童净入学率达99.9%，初中阶段毛入学率为102.6%，九年义务教育巩固率达94.8%。高等教育向普及化阶段快速迈进，2019年高等教育毛入学率达到51.6%，高于中高收入国家平均水平。根据教育事业发展"十三五"规划，"十三五"时期教育改革发展的总目标是：教育现代化取得重要进展，教育总体实力和国际影响力显著增强，推动我国迈入人力资源强国和人才强国行列，为实现中国教育现代化2030远景目标奠定坚实基础。为此，规划明确了全民终身学习机会进一步扩大、教育质量全面提升、教育发展成果更公平地惠及全民、人才供给和高校创新能力明显提升、教育体系制度更加成熟定型等五个方面的主要目标。

根据联合国教科文组织新近通过的《教育2030行动框架》，中共中央、国务院2019年2月印发《中国教育现代化2035》，立足终身教育体系和学习型社会的建设目标，全面与世界接轨，打造适应未来趋势的教育。这是中国第一个以教育现代化为主题的中长期战略规划，是新时代推进教育现代化、建设教育强国的纲领性文件，与以往的教育中长期规划相比，时间跨度更长，重在目标导向，对标新时代中国特色社会主义建设总体战略安排，从"两个一百年"奋斗目标和国家现代化全局出发，在总结改革开放以来特别是党的十八大以来教育改革发展成就和经验基础上，面向未来描绘教育发展图景，系统勾画了我国教育现代化的战略愿景，明确教育现代化的战略目标、战略任务和实施路径。

根据2035年教育远景战略任务，中共中央办公厅、国务院办公厅印发了《加快推进教育现代化实施方案（2018—2022年）》，提出了未来五年推进教育现代化的十大任务和四个方面的保障措施，聚焦教育发展的战略性问题、紧迫性问题和人民群众关心的问题，统筹实施各类工程项目和行动计划，着力深化改革、激发活力，着力补齐短板、优化结构，更好发挥教育服务国计民生的作用，确保完成决胜全面建成小康社会教育目标任务，为推动高质量发展、实现 2035 年奋斗目标夯实基础。

二、医疗卫生体制的改革和医卫事业的发展

新时期卫生体制改革的曲折历程

与教育体制的改革类似，新时期以来，中国的医疗卫生体制改革同样经历了一个曲折的过程，问题同样出在市场化过度上面。可以说，直到近年来，医疗卫生体制改革才逐步走上正轨，这从一个侧面突出地体现了中国的改革"摸着石头过河"的特征。

以 1985 年 4 月 25 日国务院批转卫生部《关于卫生工作改革若干

2017 年 3 月，全国人大就卫生计生改革发展的相关问题回应中外记者关切。

政策问题的报告》为标志，中国正式启动医疗卫生体制改革。针对当时卫生事业发展缓慢、与经济建设和人民群众的医疗需要不相适应的矛盾，《报告》提出多渠道、多层次、多形式兴办医疗机构，扩大医疗机构的自主权，提高医疗收费标准，改善医护人员待遇，把各方面的积极性调动起来。这一阶段改革的结果是医疗机构创收动力趋强，政府卫生投入比重下降，居民医疗费用快速上升。1992 年 9 月国务院下发《关于深化卫生改革的几点意见》，提出拓宽卫生筹资渠道、完善补偿机制，遵循价值规律，改革医疗卫生服务价格体系，调整收费结构，保证基本医疗预防保健服务，放开特殊医疗预防保健服务价格。至此，改革的市场化取向初露端倪。

1992 年中共十四大明确提出经济体制改革的目标是建立社会主义市场经济体制之后，市场化改革的大潮很快从经济涌向了教育、医疗和住房等多个原本由政府主导的领域。1997 年和 1998 年，国务院先后下发了《关于卫生改革与发展的决定》和《关于建立城镇职工基本医疗保险制度的决定》，提出改革城镇职工医疗保障制度，建立社会统筹与个人账户相结合的医疗保险制度；本着民办公助和自愿参加的原则，在农村多数地区建立各种形式的合作医疗制度。改革很快触及公立医院的产权制度，2000 年出台的《关于城镇医药卫生体制改革的指导意见》提出建立新的医疗机构分类管理制度，"鼓励各类医疗机构合作、合并""共建医疗服务集团""营利性医疗机构医疗服务价格放开"等。可以说，这一阶段医疗机构改革的主基调是市场化和企业化，导致公立医院盈利动机增强、医患矛盾凸显，公共卫生萎缩，医疗费用快速增长，个人负担比重过大且相当数量的人群不享受任何医疗保障。这些缺陷和后遗症在 2003 年的"非典"危机中得到充分暴露，医疗卫生事业的本质属性和医疗卫生体制的改革方向引起全社会的关注和热烈讨论。

2006 年的《中共中央关于构建社会主义和谐社会若干重大问题的

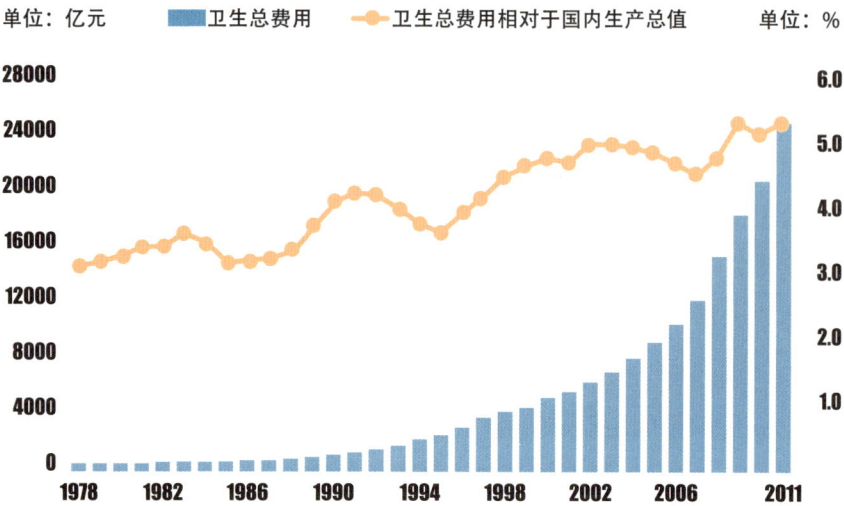

图 4-2-1 1978—2011 年中国卫生总费用及其占 GDP 比重

单位：亿元　　■ 卫生总费用　　—○— 卫生总费用相对于国内生产总值　　单位：%

资料来源：国务院新闻办公室《中国的医疗卫生事业》（白皮书），2012 年 12 月。

决定》提出："坚持公共医疗卫生的公益性质，深化医疗卫生体制改革，强化政府责任，严格监督管理，建设覆盖城乡居民的基本卫生保健制度，为群众提供安全、有效、方便、价廉的公共卫生和基本医疗服务。"本着这一原则和方向，经过将近 3 年的充分酝酿和广泛征求意见，终于在 2009 年出台了新的医改方案，即《中共中央、国务院关于深化医药卫生体制改革的意见》。《意见》的基本理念是把基本医疗卫生制度作为公共产品向全民提供，强化政府在基本医疗卫生制度中的责任；提出了"有效减轻居民就医费用负担，切实缓解'看病难、看病贵'"的近期目标，以及"建立健全覆盖城乡居民的基本医疗卫生制度，为群众提供安全、有效、方便、价廉的医疗卫生服务"的长远目标；描绘了近期深化医改的"路线图"，明确了近三年的 5 项重点工作，并以此为抓手促进公共医疗卫生事业落实公益性质，着力解决百姓反映最强烈的突出问题。这 5 项重点工作是：实现全民医保，减轻群众医疗费用负担；初步建立国家基本药物制度，减轻群众基本用药

图 4-2-2　中国卫生总费用筹资构成

	个人现金卫生支出	社会卫生支出	政府卫生支出	单位：%
2000	58.98	25.55	15.47	
2001	59.97	24.10	15.93	
2002	57.72	26.59	15.69	
2003	55.87	27.16	16.96	
2004	53.64	29.32	17.04	
2005	52.21	29.87	17.97	
2006	49.31	32.62	18.07	
2007	44.05	33.64	22.31	
2008	40.42	34.85	24.73	
2009	37.46	35.08	27.46	
2010	35.29	36.02	28.69	
2011	34.77	34.57	30.66	

资料来源：国务院新闻办公室《中国的医疗卫生事业》（白皮书），2012 年 12 月。

费用负担；健全基层医疗服务体系，方便群众看病就医；促进基本公共卫生服务均等化，力争让群众少生病；推进公立医院改革试点，提高服务质量和效率，明显缩短病人等候时间，实现同级医疗机构检查结果互认，努力让群众看好病。这 5 项工作在同时发布的《医药卫生体制改革近期重点实施方案（2009—2011 年）》中得到细化和落实。可见，"新医改"是一项覆盖范围很广的系统工程，坚持基本医疗卫生事业的公益性质是贯穿其中的一条主线。此后，"新医改"快速推进，初步建立了中国特色基本医疗卫生制度框架。

"十二五"（2011—2015）时期特别是中共十八大以来深化医药卫生体制改革的基本举措

2009 年以来的改革实践证明，中国的"新医改"方向正确、路径清晰、措施有力，尤其是在基层取得明显成效，人民群众看病就医的公平性、可及性、便利性得到改善，看病难、看病贵问题有所缓解，

2009—2014 年间，中国继续深化医药卫生体制改革工作，财政医疗卫生累计支出 4 万亿元人民币，其中中央财政支出累计 1.2 万亿元。

医药卫生体制改革促进经济社会发展的作用越来越显得重要。

但是，中国正在进行的医药卫生体制改革和卫生事业的发展，与人民群众的期望还存在不小差距：（1）公立医院改革进展缓慢，符合公立性质和职能要求的运行机制和绩效考核评价机制还没有建立起来，医院的人员工资和运行经费仍主要依靠服务收费解决，医患之间仍存在利益冲突；（2）医疗资源配置仍不够合理，优质资源仍集中在大城市和大医院，基层医疗机构高素质人才少、服务能力差的状况还没有明显改变；（3）合理的分诊制度有待全面建立，群众患常见病、多发病仍涌入大医院就诊，看病难的问题仍很突出；（4）破除"以药补医"的补偿机制没有建立起来，医院主要依靠增加医疗服务收费来弥补减少的收入，创收机制还没有真正改变；（5）药品生产和购销秩序仍比较混乱，药价虚高、商业贿赂和药品回扣等问题仍比较突出；（6）社会办医仍存在不少障碍，多渠道办医的格局尚未形成。

针对上述医疗卫生领域存在的突出矛盾和问题，2012 年 3 月，国务院印发了《"十二五"期间深化医药卫生体制改革规划暨实施方案》，要求坚持把基本医疗卫生制度作为公共产品向全民提供的核心理念，坚持保基本、强基层、建机制的基本原则，坚持预防为主、以农村为重点、中西医并重的方针，以维护和增进全体人民健康为宗旨，以基本医疗卫生制度建设为核心，统筹安排、突出重点、循序推进，进一步深化医疗保障、医疗服务、公共卫生、药品供应以及监管体制等领域综合改革，着力在全民基本医保建设、基本药物制度巩固完善和公立医院改革方面取得重点突破，增强全民基本医保的基础性作用，强化医疗服务的公益性，优化卫生资源配置，重构药品生产流通秩序，提高医药卫生体制的运行效率，加快形成人民群众"病有所医"的制度保障，不断提高全体人民健康水平，使人民群众共享改革发展的成果。

2013年的中共十八届三中全会进一步从推进医疗保障、医疗服务、

中国国务院发布的《关于整合城乡居民基本医疗保险制度的意见》指出，医保制度覆盖范围包括现有城镇居民医保和新农合所有应参保人员。图为一所医院的门诊收费处。

公共卫生、药品供应、监管体制综合改革几个方面，对下一步深化医药卫生体制改革做出了统筹安排。从2016年底国务院印发的《"十三五"深化医药卫生体制改革规划》来看，十八届三中全会明确的全面深化医药卫生体制改革的几个方面是全面建成小康社会决胜阶段推进健康中国建设的关键点。《规划》提出，"十三五"时期，要在5项制度建设上取得新突破：

（1）建立科学合理的分级诊疗制度。坚持居民自愿、基层首诊、政策引导、创新机制，到2020年，分级诊疗模式逐步形成，基本建立符合国情的分级诊疗制度。

（2）建立科学有效的现代医院管理制度。深化县级公立医院综合改革，加快推进城市公立医院综合改革。到2020年，基本建立具有中国特色的权责清晰、管理科学、治理完善、运行高效、监督有力的现代医院管理制度。

（3）建立高效运行的全民医疗保障制度。完善筹资机制，深化

2017年10月11日，陕西咸阳，70岁的杨富山老人通过"云医院"进行病情诊疗。

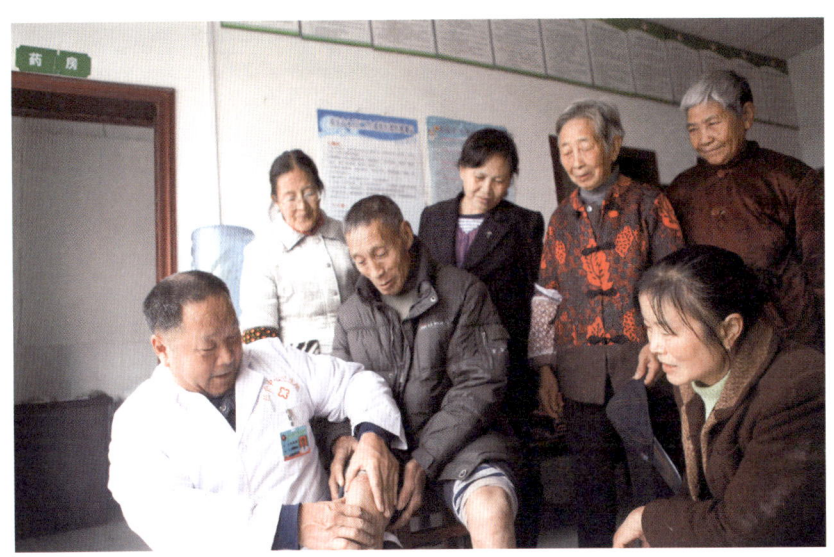

村民小病不出村就能享受到基本公共卫生服务。

医保支付方式改革，加快推进基本医保全国联网和异地就医直接结算，提高大病保险对困难群众支付的精准性。

（4）建立规范有序的药品供应保障制度。实施药品生产、流通、使用全流程改革，建设符合国情的国家药物政策体系，理顺药品价格，保障药品安全有效、价格合理、供应充分。

（5）建立严格规范的综合监管制度。深化医药卫生领域"放管服"改革，构建多元化的监管体系，强化全行业综合监管，引导规范第三方评价和行业自律。具体指标参见表4-2-1、表4-2-2。

《规划》要求，要统筹推进相关领域改革，健全完善人才培养使用和激励评价机制，加快形成多元办医格局，推进公共卫生服务体系建设。要强化组织领导，强调责任落实，注重改革探索，强化科技支撑，推进国际合作，加强督查评估和宣传引导，确保各项措施落实到位。

"十二五"时期，在基本建立起了全民医保体系的同时，公立医院改革步伐加快，基本药物制度和基层运行新机制得到巩固完善，推

表 4-2-1　2020 年深化医药卫生体制改革主要目标

序号	指　标　内　容
1	居民人均预期寿命比 2015 年提高 1 岁，孕产妇死亡率下降到 18/10 万，婴儿死亡率下降到 7.5‰，5 岁以下儿童死亡率下降到 9.5‰
2	个人卫生支出占卫生总费用的比重下降到 28% 左右
3	分级诊疗模式逐步形成，基本建立符合国情的分级诊疗制度
4	力争所有社区卫生服务机构和乡镇卫生院以及 70% 的村卫生室具备中医药服务能力，同时具备相应的医疗康复能力
5	力争将签约服务扩大到全人群，基本实现家庭医生签约服务制度全覆盖
6	基本建立具有中国特色的权责清晰、管理科学、治理完善、运行高效、监督有力的现代医院管理制度，建立维护公益性、调动积极性、保障可持续的运行新机制和科学合理的补偿机制
7	公立医院医疗费用增长幅度稳定在合理水平
8	基本医保参保率稳定在 95% 以上
9	建立医保基金调剂平衡机制，逐步实现医保省级统筹，基本医保政策范围内报销比例稳定在 75% 左右
10	医保支付方式改革逐步覆盖所有医疗机构和医疗服务，全国范围内普遍实施适应不同疾病、不同服务特点的多元复合式医保支付方式，按项目付费占比明显下降
11	基本建立药品出厂价格信息可追溯机制
12	形成 1 家年销售额超过 5000 亿元的超大型药品流通企业，药品批发百强企业年销售额占批发市场总额的 90% 以上
13	对各级各类医疗卫生机构监督检查实现 100% 覆盖
14	完成本科临床医学专业首轮认证工作，建立起具有中国特色与国际医学教育实质等效的医学专业认证制度
15	所有新进医疗岗位的本科及以上学历临床医师均接受住院医师规范化培训，初步建立专科医师规范化培训制度
16	城乡每万名居民有 2—3 名合格的全科医生，全科医生总数达到 30 万人以上
17	医疗责任保险覆盖全国所有公立医院和 80% 以上的基层医疗卫生机构
18	基本公共卫生服务逐步均等化的机制基本完善
19	全面落实政府对符合区域卫生规划的公立医院投入政策，建立公立医院由服务收费和政府补助两个渠道补偿的新机制，细化落实政府对中医医院（民族医院）投入倾斜政策，逐步偿还和化解符合条件的公立医院长期债务

表 4-2-2　每千人口医疗卫生机构床位数（张）			
年份	综合	城市	农村
2010	3.58	5.49	2.60
2011	3.84	6.24	2.80
2012	4.24	6.88	3.11
2013	4.55	7.36	3.35
2014	4.85	7.84	3.54
2015	5.11	8.27	3.71
2016	5.37	8.46	3.89

进社会办医和健康服务业发展的政策落到了实处，医疗服务体系进一步健全、服务能力大幅提升，基本公共卫生服务均等化扎实推进，重大疾病防控与卫生应急工作成效显著，卫生人才队伍建设取得重要突破。如今，"十三五"医改规划确定的任务已全面完成，主要目标总体实现情况良好，2020 年的部分指标已达到规划目标要求，分级诊疗制度正在形成，现代医院管理制度建设稳步推进，全民医疗保障制度逐步健全，药品供应保障制度日益完善，综合监管制度逐步形成，相关领域改革持续统筹推进。

近年来，为打赢脱贫攻坚战、实现农村贫困人口脱贫配套而实施的健康扶贫工程，为有效遏制因病致贫、因病返贫发挥了重要作用，也为建立脱贫攻坚长效机制积累了经验。2019 年初开始对国内生产治疗癌症、罕见病、糖尿病、乙肝、急性白血病等药品亟须进口的重要原料实施零关税，对罕见病药品给予增值税优惠；此前，17 种抗癌药成功纳入医保报销目录，药品价格谈判机制同时发挥作用，这些深得人心的举措极大地释放了改革红利。中国政府已明确提出，要力争到2020 年实现人人享有基本医疗卫生服务的宏伟目标，更好地满足人民群众对医疗卫生服务的新期盼。

疾病防控和健康指导

"病有所医"不是健康保障的全部内容，更重要的还在于有效预防和控制疾病的发生和流行。中国政府一直非常强调这方面的工作，早在 1949 年新中国成立伊始就制定实施"面向工农兵、预防为主、团结中西医、卫生工作与群众运动相结合"的方针，广泛开展群众性爱国卫生运动，普及初级卫生保健。此后，1996 年、2016 年两次调整全国卫生工作方针的提法，但"预防为主"是不变的方针。

新中国成立后，全国各地广泛建立起了卫生防疫机构和防疫专业队伍，针对当时流行和威胁最为严重的急性传染病、寄生虫病和地方病开展了大量的工作。血吸虫病得到有效控制，1959 年以后不再有天花病例。接种疫苗是国际社会公认的预防和控制疾病最经济、最简便、最有效的措施。在中国，20 世纪五六十年代预防接种工作陆续展开，1978 年卫生部下发《关于加强计划免疫的通知》，标志着正式进入计划免疫时代。1985 年中国政府正式宣布分两步实现普及儿童免疫，并将这一目标列入国民经济和社会发展第七个五年计划。2003 年通过抗击"非典"汲取了大量宝贵的经验教训，政府全面加强了公共卫生服务和重大疾病防控工作，逐步由重治疗向防治结合转变，形成了由疾控机构、基层医疗卫生机构、医院和专业防治机构共同构筑的防控工作网络，突发公共卫生事件应急机制逐步健全。2007 年，卫生部下发《扩大国家免疫规划实施方案》，将免疫规划疫苗扩展为 14 种，可预防 15 种传染病。2009 年新医改以来，中国将预防接种纳入国家基本公共卫生服务项目，受益对象从儿童扩展到成人。截至 2015 年底，疫苗接种率以乡镇为单位总体保持在 90% 以上，多数免疫规划疫苗可预防传染病的发病与死亡率降至历史最低水平。艾滋病整体疫情控制在低流行水平，重点地区疫情快速上升势头得到基本遏制。结核病防治工作成效显著，成功治疗率保持在 90% 以上。

20 世纪 90 年代以来，伴随居民疾病谱和死亡谱发生改变，中国卫生防疫系统开始将传统的、单纯应对传染病的理念向慢性病领域（包括伤害和精神卫生领域）拓展。慢性病的发生机理比较复杂，包括遗传、环境和生活方式等多种因素。遗传因素是一种生物学因素，人们的寿命、身高、胖瘦、肤色、五官、声音乃至智力和某些先天禀赋都与遗传有关，当然也包括那些先天性的疾病。遗传因素短期难以改变。与之类似的还有环境因素，人们对环境污染、生态退化的治理须臾不可放松，中国政府近年来在环境治理方面的努力有目共睹，但要大见成效绝非一日之功。而生活方式则是短期可变的，包括膳食营养、食品安全、运动和健康意识、心理等等。

生活方式当中，膳食营养至关重要，著名的《维多利亚宣言》提出健康生活方式的四大基石，即"合理膳食、适当运动、戒烟限酒、

重庆永川，糖尿病防治进校园。

盐	<6 克
油	25~30 克
奶及奶制品	300 克
大豆及坚果类	25~35 克
畜禽肉	40~75 克
水产品	40~75 克
蛋 类	40~50 克
蔬菜类	300~500 克
水果类	200~350 克
谷薯类	25~400 克
全谷物和杂豆	50~150 克
薯类	50~100 克
水	1500~1700 克

图 4-2-3 中国居民膳食宝塔

"心理平衡"，居于首位的就是合理膳食。膳食不合理，就会导致营养不足或营养过剩，进而引发一系列疾病。中国改革开放以前食品短缺，尤其是副食品供应匮乏，人们的饮食结构属于高碳水化合物、低蛋白、低脂肪、低维生素的"一高三低型"，所以因营养不良导致的疾病比较普遍。改革开放极大地促进了生产力的发展，居民生活发生了翻天覆地的变化，城乡居民的食物消费品种亦日趋多样化，居民膳食中谷类摄入下降，而且发生结构变化，以消费大米和面粉为主，薯类和杂粮则明显减少；动物性食物的摄入明显增加，有明显的"西方化"或"富裕型"膳食模式倾向，即高能量、高脂肪、高蛋白，而膳食纤维过低。相应地，除了那些贫困地区的居民依然存在营养不良的现象以外，在多数地区尤其是城市，居民开始越来越多地受到因营养过剩导致的疾病的困扰，如肥胖症、糖尿病、高血压、心血管疾病以及癌症等非传染性慢性病等。

膳食结构转换是经济发展的必然结果，是社会进步的产物。但中国的问题是居民膳食结构转换过快，人体的适应能力跟不上，因而非传染性慢性病的患病率和致死率要高于西方发达国家。据统计，中国现有慢性病确诊患者已经超过 2.6 亿人，由慢性病导致的疾病负担占到总疾病负担的近 70%，而造成的死亡占到了所有人口死亡的 85% 左右。慢性病正逐渐威胁着中国人的健康，且发病年龄有年轻化的趋势。研究显示，膳食结构对人均预期寿命的影响是深远的，中国在 20 世纪八九十年代，与人均预期寿命增速显著放缓相伴随的，一个是医疗保障体系残缺，再一个就是膳食结构急剧转换。

有鉴于此，中国政府高度重视营养干预，1989 年首次发布中国居民膳食指南，之后于 1997 年、2007 年和 2016 年进行了多次修订，针对居民面临营养缺乏和营养过剩双重挑战的情况，结合中华民族饮食习惯以及不同地区食物可及性等多方面因素，参考其他国家膳食指南所包含的科学依据和研究成果，提出符合中国居民营养健康状况和基本需求的膳食指导建议；分别于 1993 年、2001 年和 2014 年发布了三个食物与营养发展纲要，2017 年印发了《国民营养计划（2017—2030 年）》，提出具体措施保障食物有效供给、优化食物结构、强化居民营养因素改善，将营养因素融入所有健康政策。此外，还推进居民营养与健康状况监测，以及慢性病与营养状况监测，及时发布监测结果；推行全民减盐倡议，向居民传授减盐防控高血压等健康知识；实施重点人群营养改善措施，开展农村义务教育学生营养改善计划和贫困地区儿童营养改善项目等。这些措施都取得很好的效果。2019 年国务院实施健康中国行动，成立国民营养健康指导委员会，合理膳食行动被纳入健康中国重大行动。进入 21 世纪以来，食品安全开始得到全社

中国小学生们开展冬季长跑活动，迎接春天。

会的关注，中国政府相应地在完善立法、强化监管方面做了大量的工作，但是地方保护主义、监管人员的责任心和专业素养的不足依然是突出的问题，为此 2019 年中共中央办公厅、国务院办公厅印发《地方党政领导干部食品安全责任制规定》，将食品安全纳入地方政绩考核，为食品安全工作提供了新的制度保障。

市场化的推进也引发了许许多多生活方式上的变化，如人们的生活节奏加快，工作压力加大，青少年的身高和体重增加了，但运动减少了。中国在竞技体育方面成绩优异，但群众体育的发展水平还较低，特别是城乡之间差距明显。针对这一短板，中国政府将每年的 8 月 8

日定为"全民健身日"，颁布了《全民健身条例》，出台了《全民健身计划》，促进全民健身与竞技体育协调发展，倡导健康文明的生活方式，对在校生的体育锻炼也提出了更加严格的要求。2019年全民健身同样被纳入健康中国十个方面重大行动之一。据统计，2020年，全国7岁及以上人口中经常参加体育锻炼人数比例已达37.2%，中国居民人均体育消费金额与2017年同比增长超三成。

中国还是全球最大的烟草生产国和消费国，中国吸烟人数占世界吸烟者总数的近30%，每年吸烟导致的死亡人数超过100万，超

领域	指标	2015 年	2020 年	2030 年
健康水平	人均预期寿命（岁）	76.34	77.3	79
	婴儿死亡率（‰）	8.1	7.5	5
	5 岁以下儿童死亡率（‰）	10.7	9.5	6
	孕产妇死亡率（1/10 万）	20.1	18	12
	城乡居民达到《国民体质测定标准》合格以上的人数比例（%）	89.6*	90.6	92.2
	居民健康素养水平（%）	10	20	30
	经常参加体育锻炼人数（亿人）	3.6*	4.35	5.3
健康服务	重大慢性病过早死亡率（%）	19.1**	降低 10%	降低 30%
	每千常住人口执业（助理）医师数（人）	2.2	2.5	3
	个人卫生支出占卫生总费用的比重（%）	29.3	28 左右	25 左右
健康环境	地级及以上城市空气质量优良天数比率（%）	76.7	＞ 80	持续改善
	地表水质量达到或好于Ⅲ类水体比例（%）	66	＞ 70	持续改善
健康产业	健康服务业总规模（万亿元）	—	＞ 8	16

表 4-2-3 "健康中国建设"主要指标

注：*2014 年数据；**2013 年数据。

资料来源：《"健康中国 2030"规划纲要》，2016 年 10 月 25 日。

2016 年 6 月，江苏省医学志愿者为农民工们提供量血压等义诊服务。

过艾滋病、结核、交通事故以及自杀死亡人数总和。针对这一情况，中国各级政府持续加大控烟力度，积极履行世界卫生组织《烟草控制框架公约》规定。特别是在近几年来，由于将控烟列入了"卫生城市""健康城市""文明城市"评估指标，多地陆续修订或出台政策，控烟立法步伐明显加快，控烟执法力度不断加大。2015 年，中国 15岁以上成人吸烟率为 27.7%，吸烟人数多达 3.15 亿人。《"健康中国2030"规划纲要》提出，到 2030 年，要将 15 岁以上成人吸烟率下降到 20%，也就是说要在 15 年内，将 15 岁以上成人吸烟率下降至少 7.7%，在中国这样一个人口大国完成这项任务还需要付出更大的努力。

总之，疾病防控的基础是健康管理，健康管理的核心是个人。做好健康教育工作，提高全民的健康素质，倡导健康文明的生活方式，可以逐步提高居民健康期望寿命，控制慢性病疾病负担，改善人力资源质量。2015 年 10 月，"健康中国建设"正式写入中共十八届五中全会公报。2016 年 8 月，全国卫生与健康大会提出："要坚持正确的卫生与健康工作方针，以基层为重点，以改革创新为动力，预防为主，中西医并重，将健康融入所有政策，人民共建共享。"2016 年 10 月，国家颁布《"健康中国 2030"规划纲要》，对推进"健康中国建设"、提高人民健康水平作出了战略部署。2017 年 1 月，国务院办公厅印发了《中国防治慢性病中长期规划 (2017—2025 年)》，明确了今后 5—10 年实施慢性病综合防控战略的总体思路，提出要坚持正确的卫生与健康工作方针，以提高人民健康水平为核心，以深化医药卫生体制改革为动力，以控制慢性病危险因素、建设健康支持性环境为重点，以健康促进和健康管理为手段，坚持统筹协调、共建共享、预防为主、分类指导，推动慢性病防治工作重点由疾病治疗向健康管理转变。2019 年又出台了《健康中国行动（2019—2030 年）》等相关文件，围绕疾病预防和健康促进两大核心，提出将开展 15 个重大专项行动，促进以治病为中心向以人民健康为中心转变。

疫情防控和国家公共卫生应急管理体系

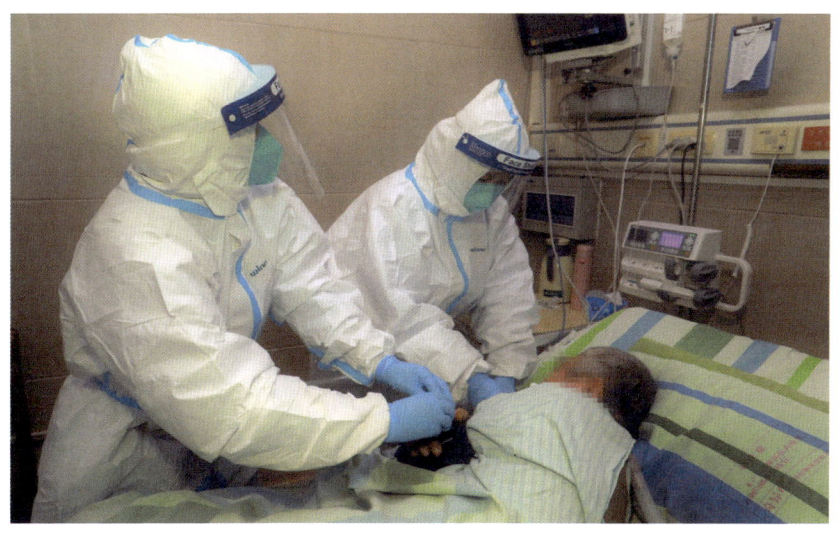

2020 年 1 月 22 日，武汉大学中南医院全力救治新型冠状病毒感染的肺炎患者。

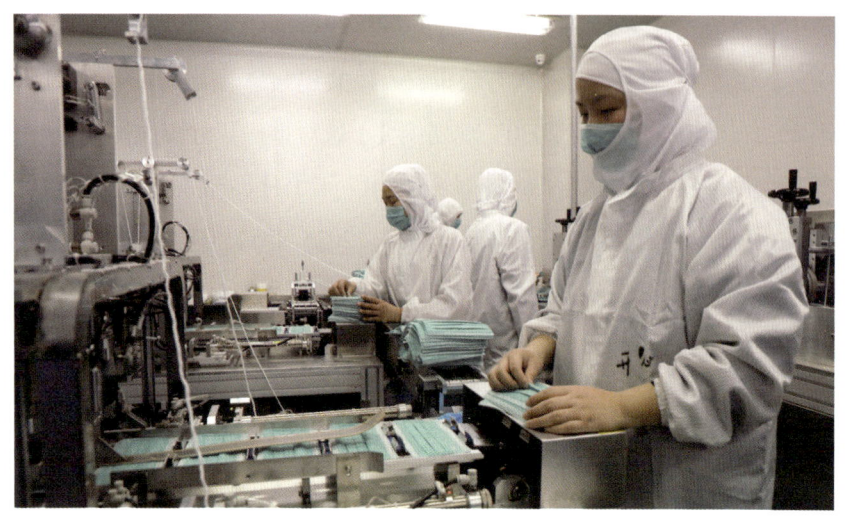

2020年3月16日，江苏省连云港市一家企业员工在加紧生产口罩、防护服等防疫物资，保障市场供应，助力新冠肺炎疫情防控。

进入2020年，正当全国人民全力收官"十三五"、决战脱贫攻坚、决胜全面建成小康社会之际，一场突如其来的新型冠状病毒肺炎疫情暴发，这是新中国成立以来发生的传播速度最快、感染范围最广、防控难度最大的一次重大突发公共卫生事件，对中国是一次危机，也是一次大考。中国共产党和中国政府高度重视、迅速行动，习近平总书记亲自指挥、亲自部署，统揽全局、果断决策，为中国人民抗击疫情坚定了信心、凝聚了力量、指明了方向。在中国共产党领导下，全国上下贯彻"坚定信心、同舟共济、科学防治、精准施策"总要求，打响抗击疫情的人民战争、总体战、阻击战。经过艰苦卓绝的努力，中国有力扭转了疫情局势，用1个多月的时间初步遏制了疫情蔓延势头，用2个月左右的时间将本土每日新增病例控制在个位数以内，用3个月左右的时间取得了武汉保卫战、湖北保卫战的决定性成果，疫情防控阻击战取得重大战略成果，维护了人民生命安全和身体健康，为维护地区和世界公共卫生安全作出了重要贡献。在度过危难、疫情防控进入常态化之后，中国政府稳妥有序放开经济和社会活动，形成同疫情防控相适应的经济社会运行秩序，努力将疫情对经济社会发展的冲击和影响降到最低，为抗击疫情提供有力的物资保障和社会保障。同时，稳固夯实了经济基本盘，率先实现复工复产，成功实现了全球主要经济体唯一的全年经济正增长，为实现第一个 100 年目标画上了圆满的句号。

2020 年成功的疫情防控，凸显了中国共产党人民至上的执政理念、广泛的社会动员能力和中国社会主义制度优势，也为应对重大突发公共卫生事件积累了宝贵经验。2020 年 9 月 8 日，习近平总书记在全国

2020 年 3 月 26 日，国务院新闻办公室在北京举行新闻发布会，介绍中国关于抗击疫情的国际合作情况。中国外交部副部长罗照辉（中）在会上表示，中国政府已经宣布向 80 多个国家，以及世卫组织、非盟等国际和地区组织提供紧急援助。

抗击新冠肺炎疫情表彰大会上的讲话中指出："这场抗疫斗争是对国家治理体系和治理能力的一次集中检验。要抓紧补短板、堵漏洞、强弱项，加快完善各方面体制机制，着力提高应对重大突发公共卫生事件的能力和水平。要构筑强大的公共卫生体系，完善疾病预防控制体系，建设平战结合的重大疫情防控救治体系，强化公共卫生法治保障和科技支撑，提升应急物资储备和保障能力，夯实联防联控、群防群控的基层基础。要完善城市治理体系和城乡基层治理体系，树立全周期的城市健康管理理念，增强社会治理总体效能。要重视生物安全风险，提升国家生物安全防御能力。2021 年出台的《"十四五"时期和2035 年远景目标纲要》提出，构建强大公共卫生体系、深化医药卫生体制改革、健全全民医保制度、推动中医药传承创新、建设体育强国、深入开展爱国卫生运动等重大举措，全面推进"健康中国"建设。

三、中国人力资源基本状况

　　教育和健康是开发人力资源（投资人力资本）的主要途径，其水平直接决定一国的人口素质。表面上看，教育体现为居民的智力水平，健康体现为居民的身体素质。实际上，教育和健康互为前提，可以互相转化，受教育水平较高的人群往往对医疗卫生拥有更高、更多的需求，平时就重视预防疾病，注意膳食营养、食品安全、生活方式和生活环境。健康是一切成功的基础和本钱，健康的身体通常也是不受限制地接受教育的本钱，之所以说青少年反应快、记忆力强、兴趣广泛、是接受教育的黄金时期，就是因为青少年精力充沛，是人的一生中身体状况最好的时期。下文通过几个常用的指标，来观察中国教育和健康方面的各种努力给人口素质带来的总体效果，进而观察中国人力资源的基本状况。

表 4-3-1　中国与世界各地区 15 岁及以上人口文盲率的变化

单位：%；百分点

	1960 年	1970 年	1980 年	1990 年	1995 年	2000 年	变化幅度（1980—2000）
世界（109 个）	36.4	31.4	29.5	26.4	26.1	24.2	-5.3
发展中国家（73 个）	64.1	56.1	49.7	41.7	38.3	34.4	-15.3
发达国家（23 个）	6.1	5.1	4.8	4.5	3.8	3.7	-1.1
转型国家（13 个）	4.5	3.1	2.8	1.7	2.1	2.2	-0.6
东亚、太平洋（10 个）	52.5	35.4	22.6	26.4	22.5	19.8	-2.8
中国	—	—	22.8*	15.9	12.0	6.7	-16.1
南亚（7 个）	74.3	69.3	66.9	55.2	51.2	45.2	-21.7
中东、北非（11 个）	81.0	69.8	55.5	42.8	36.0	32.0	-23.5
撒哈拉非洲（22 个）	68.9	63.8	56.8	45.9	44.5	42.8	-14.0
拉丁美洲（23 个）	37.9	31.2	23.8	17.2	15.8	14.6	-9.2

注：* 为 1982 年数据。

资料来源：

1. Barro, R. J. and J. W. Lee (2000), International Data on Educational Attainment: Updates and Implications, CID Working Paper No. 42, April, p.29.
2. 中国国家统计局网站。

表 4-3-2 中国与世界各地区 15 岁及以上人口平均受教育年限的变化

单位：年；%

	1960 年	1970 年	1980 年	1990 年	1995 年	2000 年	变化幅度（1980—2000）
世界（109 个）	4.64	5.16	5.92	6.43	6.44	6.66	1.13
发展中国家（73 个）	2.05	2.67	3.57	4.42	4.79	5.13	1.44
发达国家（23 个）	7.06	7.56	8.86	9.19	9.52	9.76	1.10
转型国家（13 个）	7.42	8.47	8.90	9.97	9.45	9.68	1.09
东亚、太平洋（10 个）	2.83	3.80	5.10	5.84	6.35	6.71	1.32
中国 *			5.33**	6.40	—	7.79	1.46
南亚（7 个）	1.51	2.05	2.97	3.85	4.16	4.57	1.54
中东、北非（11 个）	1.23	2.07	3.29	4.38	4.98	5.44	1.65
撒哈拉非洲（22 个）	1.74	2.07	2.39	3.14	3.39	3.52	1.47
拉丁美洲（23 个）	3.30	3.83	4.43	5.32	5.74	6.06	1.37

注：* 为国家教育发展研究中心《中国人口文化素质分析报告》数据，2003 年 12 月；
** 为 1982 年数据。
资料来源：
Barro, R. J. and J. W. Lee (2000), International Data on Educational
Attainment: Updates and Implications, CID Working Paper No. 42, April, p.29.

表 4–3–3　中国与世界各地区受高等教育人口比例

单位：%

	1960 年	1970 年	1980 年	1990 年	1995 年	2000 年	变化幅度（1980—2000）
世界（109 个）	3.3	5.0	7.5	10.3	11.3	12.6	1.7
发展中国家（73 个）	0.8	1.7	3.1	4.6	5.7	6.5	2.1
发达国家（23 个）	6.7	9.9	15.8	22.4	24.8	27.1	1.7
转型国家（13 个）	3.8	6.3	7.7	11.2	11.4	13.9	1.8
东亚、太平洋（10 个）	1.6	2.7	5.0	7.4	10.0	11.7	2.3
中国	—	—	0.6*	1.4	2.0	3.6	6.0
南亚（7 个）	0.4	1.2	2.1	2.9	3.3	3.7	1.8
中东、北非（11 个）	0.9	1.7	3.6	5.6	7.2	8.8	2.4
撒哈拉非洲（22 个）	0.2	0.8	0.6	1.3	2.1	2.2	3.7
拉丁美洲（23 个）	1.8	2.5	5.2	8.2	9.5	10.9	2.1

注：* 为 1982 年数据。

资料来源：

1. Barro, R. J. and J. W. Lee (2000), International Data on Educational Attainment: Updates and Implications, CID Working Paper No. 42, April, p.29.

2. 中国国家统计局网站。

人口文盲率和人均受教育年限的变化

人口文盲率和人均受教育年限是衡量一国教育水平的重要指标。新中国历来高度重视扫除文盲工作。早在1945年抗日战争胜利之前，毛泽东就在《论联合政府》一文里提出："从百分之八十的人口中扫除文盲，是新中国的一项重要工作。"没有等到战争结束，解放区的扫盲工作就已经开始了。那个时期，全国人口中80%是文盲，农村的文盲率更高达九成以上，有的地方甚至十里八村也找不出一个识文断字的人来。要把中国从一个落后的农业国家改造成一个现代化的工业国家，提高劳动者的科学文化素质是一个根本前提。

新中国成立后，中国共产党和人民政府采取了各种措施，在广大工人、农民群众中有组织地开展识字运动，同时在全国范围内创造条件，积累经验，积极地、有计划有步骤地扫除文盲，使广大劳动人民摆脱文盲状态，迅速提高文化水平。不过，中国是一个人口大国，地域辽阔，发展起点很低，城乡发展、地区发展不平衡，直到1982年第三次人口普查时，29个省、市、自治区15岁及以上人口不识字和识字很少的仍有近2.3亿人（文盲率22.8%），人均受教育年限为4.3年，比当时世界平均水平4.9年（1980年）低0.6年。参见表4-3-1、表4-3-2。

中国在改革开放初期恢复了高考制度，颁布了《义务教育法》和《扫除文盲工作条例》，确定了20世纪90年代"基本扫除青壮年文盲，基本普及九年义务教育"（80年代基本实现普及小学教育，有条件的地区普及初中教育）的战略目标，教育领域经过拨乱反正得到长足的恢复和发展。1980—2000年，中国15岁及以上人口文盲率的下降幅度3倍于世界平均水平，略高于发展中国家，低于南亚和中东、北非国家；中国15岁及以上人口平均受教育年限的增长幅度高于世界平均水平，与发展中国家平均水平基本同步；中国受高等教育人口比重增长迅猛，增幅数倍于其他国家和世界平均水平。横向对比看，2000 年，中国的 15 岁及以上人口文盲率远高于转型国家和发达国家，但已经仅是世界平均水平的 27.7%、发展中国家平均水平的 19.5%；中国的 15 岁及以上人口平均受教育年限仅次于转型国家和发达国家，大幅超过世界平均水平；中国的受高等教育人口比例还很低，只是发展中国家平均水平的 55.4% 和世界平均水平的 28.6%，与南亚国家的水平相差不多。

进入 21 世纪以来，中国在教育领域加大了政府投入，减轻了居民负担，并在推进教育公平方面付出了极大的努力。2010 年第六次全国人口普查资料显示，中国国民整体受教育水平显著提高。青壮年（15—50 岁）文盲人口已从 2000 年的 2055 万人减少到 852 万人，减

清华大学本科生庆祝毕业。

少了 1203 万人；青壮年文盲率从 2000 年的 2.80% 降至 1.08%，下降了 1.72 个百分点。2020 年第七次全国人口普查资料显示，15 岁及以上人口文盲率为 2.67%，比 2010 年下降 1.41%；15 岁及以上人口的平均受教育年限已达 9.91 年，比 2010 年的 9.08 年提高了 0.83 年，表明人口平均受教育水平已经处于高中阶段。25 岁及以上人口平均受教育年限 1990 年为 5.8 年，与当时世界平均水平基本持平；2000 年为 7.4 年，比当时世界平均水平 6.8 年高 0.6 年；2010 年为 8.6 年，大大超过世界 7.4 年的平均水平。新增劳动力平均受教育年限由 2005 年的 10.9 年提高到 2010 年的 12.7 年，短短 5 年就增加了接近两年，2020 年提高到 13.8 年。在人口受教育结构方面，出现了小学受教育人口不断减少、中等教育保持稳定、大专及以上受教育程度人口快速增长的重心上移趋势。与发达国家相比，2010 年，美国 25 岁及以上人口的人均受教育年限为 12.4 年（相当于大学一年级水平），日本为 11.6 年（相当于高中三年级水平），分别比中国高出近 3.4 年和 2.6 年，中国的大专及以上受教育程度人口所占比重依然偏低。2009 年经合组织国家 25—64 岁人口中接受高等教育人口所占比重为 30.0%，相当于中国 2010 年水平的 3 倍多（9.7%）。分年龄段看，中国 55—64 岁人口中接受过高等教育的人口为 3.6%，这些人接受高等教育的时间大约是 20 世纪 70 年代末和 80 年代初，而 25—34 岁人口已达到 17.9%，约为 55—64 岁人口的 5 倍，这些人接受高等教育的时间基本上是在近 10 年，说明中国进入 21 世纪以来高等教育的发展明显加快。中国第七次人口普查得出的数据显示，2020 年每 10 万人中具有大学文化程度的达到 15467 人，比 10 年前多出 6537 人，高于世界平均水平。

在国际统计中，经常会使用期望受教育年限和平均受教育年限两个指标，前者是指在现有入学率保持不变的情况下适龄儿童预期获得的受教育年限，后者是指 25 岁及以上人口已经获得的文化程度转换成理论教育年限的平均值。从这两个指标 2017 年的统计来看，中国居民的期望受教育年限为 13.8 年，平均受教育年限为 7.8 年，前者高于世界平均水平 1.1 个百分点，后者低于世界平均水平 0.6 个百分点，若与美国的 16.5 年、13.4 年和日本的 15.2 年、12.8 年相比还有不小的差距。

人口平均预期寿命及其相关指标的变化

人口平均预期寿命是衡量人口健康水平的综合指标，其他辅助性指标还有婴儿死亡率和孕产妇死亡率等。

根据世界银行的估计，从 1960 年到 1980 年，中国居民的平均预期寿命提高了 27 岁，而同期低收入国家提高约为 15 岁，中等收入国家为 9 岁，工业化国家为 4 岁。1960 年是新中国迄今经历的最困难的一年，这一年的人均期望寿命不具代表性。但新中国成立后很长一段时间，人口平均预期寿命的增长速度一直在世界处于领先地位，这是不争的事实。世界银行经济考察团 1980 年对中国进行考察后发表的报告称，1950—1980 年间，在人均预期寿命方面中国的进步远远大于其他发展中国家（中国预期寿命增加 28 岁，低收入国家只增加 15 岁），并且，中国人的预期寿命还远远超过中等收入国家的平均数，比相同收入水平的国家高出 16 岁。同期，中国婴儿死亡率和孕产妇死亡率则大幅下降，1980 年中国 5 岁以下儿童死亡率为 37.6‰，是同期世界平均水平的 47%，是中国 1950 年水平的 27.2%。专家们一致认为，这一成就的取得，很大程度上归功于中国当时所拥有的独一无二的医疗保障体系。世界银行经济考察团的报告指出："中国农村实行的合作医疗制度，是发展中国家群体解决卫生保障的唯一范例"。报告还说："初级卫生工作的提出主要来自中国的启发。中国在占 80% 人口的农村地区，发展了一个成功的基层卫生保健系统，向人民提供低费用和适宜的医疗保健技术服务，满足大多数人的基本卫生需求，这种模式很适合发展中国家的需要。"中国的经验当时得到国际组织的

表 4-3-4 婴儿死亡率和平均预期寿命的国际比较

年份	0~4岁婴儿死亡率（‰）						出生时的平均预期寿命（岁）					
	世界	中国	美国	印度	尼日利亚	新加坡	世界	中国	美国	印度	日本	尼日利亚
1950	—	138.4	—	—	—	—	—	48.0	—	—	—	—
1970	—	51.5	20.1	137.0	139.0	20.5	—	64.1	—	—	—	—
1980	80.0	37.6	12.6	129.1	124.1	11.7	62.7	67.9	73.7	54.3	76.0	45.9
1990	63.9	32.9	9.4	80.0	120.0	6.7	65.2	68.6	75.2	59.1	78.8	46.4
2000	57.6	28.4	6.9	68.0	107.0	2.9	66.6	71.4	77.0	62.9	81.1	43.8
2006	49.5	20.1	6.5	57.4	98.6	2.3	68.2	72.0	77.8	64.5	82.3	46.8

注：中国 1950、1970 年的数据分别为 1950—1954 年、1970—1974 年的数据；1980 年的数据为 1981 年的统计。

数据来源：黄荣清、刘琰编《中国人口死亡数据集》，中国人口出版社 1995 年版；《国际统计年鉴》（电子版）1996、1998、2008 年；全国五次人口普查数据和《2005 年全国 1% 人口抽样调查数据》（电子版）。

一致认可，世界卫生组织和联合国妇女儿童基金会多次向发展中国家推荐"中国模式"。

但这一趋势在改革初期并没有得到延续。20 世纪 80 年代至 90 年代，由于原有的医疗保障体系坍塌甚至瓦解，特别是农村居民的医疗保障经历了一段空白期，因而婴儿死亡率特别是人口平均预期寿命的变化明显放缓。1957 年中国人均预期寿命有明确记载为 57 岁，到 1981 年增长到 67.9 岁，24 年间年均增长 0.45 岁多。改革开放以来的人均预期寿命，1990 年为 68.6 岁，与 1981 年相比增长了 0.7 岁，年均增长不到 0.08 岁；2000 年为 71.4 岁，比 1990 年增长 0.28 岁，年均增长不到 0.03 岁。

进入 21 世纪以来，中国大力发展民生事业，对医疗卫生领域的投入明显加大，医药卫生体制改革也逐步走上正轨，随之居民的健康水平也就有了恢复性提高。如表 4-3-5 所示，人均预期寿命从 2000 年的 71.4 岁提高到 2010 年的 74.8 岁、2019 年的 77.3 岁；同期，婴

表 4-3-5 中国改革开放以来部分年份主要健康指标

指标	1981 年	1990 年	2000 年	2005 年	2010 年	2015 年	2019 年
人均预期寿命(岁)	67.9	68.6	71.4	73.0	74.8	76.3	77.3
男性（岁）	66.4	66.8	69.6	71.0	72.4	73.6	-
女性（岁）	69.3	70.5	73.3	74.0	77.4	79.4	-
婴儿死亡率(‰)	34.7	32.9	32.2	19.0	13.1	8.1	5.6
5 岁以下儿童死亡率（‰）	-	-	39.7	22.5	16.4	10.7	7.8
孕产妇死亡率（1/10 万）	-	88.9	53.0	47.7	30.0	20.1	17.8

儿死亡率从 32.2‰下降到 2010 年的 13.1‰、5.6‰；孕产妇死亡率从 53.0/10 万下降到 30.0/10 万、17.8/10 万。根据联合国儿童基金会数据，2007 年 5 岁以下儿童死亡率在 193 个国家按降序排列，中国排在 107 位，居世界中等水平，泰国（156 位）、越南（126 位）位次均好于中国。与"金砖国家"相比，孕产妇死亡率 2008 年中国明显低于巴西、印度和南非，与俄罗斯基本相同，但仍然仅相当于美国 1965 年的水平（31.6/10 万）。根据世界卫生组织数据，中国孕产妇死亡率在全球按降序排列从 1990 年的 97 位上升到 2005 年的 109 位，整体上居世界中等水平。2010 年世界人口的平均预期寿命为 69.6 岁，其中高收入国家及地区为 79.8 岁，中等收入国家及地区为 69.1 岁，中国比中等收入国家高出近 6 岁，比高收入国家低 5 岁。另据国家统计局汇总的联合国和世界银行的最新统计数据（参见表 4-3-6），2016 年，出生时预期寿命中国为 76.3 岁，比世界平均值高出 4.3 岁，比日本和美国分别低 7.7 岁和 2.4 岁；婴儿死亡率中国为 8.5‰，孕产妇死亡率为

表 4-3-6 若干年份生殖健康统计

	出生时预期寿命（岁）			婴儿死亡率（‰）			孕产妇死亡率（1/100000）
	2000 年	2010 年	2016 年	2000 年	2010 年	2016 年	2016 年
世界平均	67.7	70.7	72.0	53.9	37.4	30.5	216
中国	72.0	75.2	76.3	30.1	13.5	8.5	27
日本	81.1	82.8	84.0	3.3	2.4	2.0	5.0
美国	76.6	78.5	78.7	7.1	6.2	5.6	14.0

资料来源：国家统计局《国际统计年鉴》（2018）

27/10 万，均大幅低于世界平均水平，但与日本、美国等发达国家比还有不小差距，基本处于世界中上水平。

　　总体上看，中国是规模最大的发展中国家，教育和医疗卫生事业的发展极大地提高了 14 亿中国人的文化和身体素质，为经济发展、社会进步和民生改善做出了不可替代的重大贡献。但是中国实现从人口大国向人力资源强国的转变任重道远，居民的文化素质还远远不能适应经济转型升级和科技创新的需求，居民的健康水平极不平衡，赶上发达经济体先进水平的目标还有很长一段距离。中国需要继续全面提高教育服务现代化建设和人的全面发展的能力，需要全面提高基本医疗保障、基本公共卫生服务覆盖面和服务质量，不断缩小资源配置和公共服务的地区差距和城乡差距，在培养、造就一大批优秀的人才队伍的同时，更加注重国民整体素质的提升。

第五章　收入、消费与人民生活

　　2019 年是中华人民共和国成立 70 周年。1978 年底中共十一届三中全会开启的改革开放，将新中国 70 年的历史区分为前后两个时期，转眼之间，这后一个新时期的历史也已经过去整整 40 个年头了。习近平总书记 2018 年 12 月 18 日在庆祝改革开放 40 周年大会上的讲话中说："改革开放 40 年来，从开启新时期到跨入新世纪，从站上新起点到进入新时代，40 年风雨同舟，40 年披荆斩棘，40 年砥砺奋进，我们党引领人民绘就了一幅波澜壮阔、气势恢宏的历史画卷，谱写了一曲感天动地、气壮山河的奋斗赞歌。"确实，对当代中国最近这 40 年的辉煌历史给予再高的评价都不为过。而从老百姓的视角看，要说这后 40 年的历史与前 30 年的历史有什么最大的不同，那就是改革开放以来的新时期不但是中国国民经济发展最快的时期，也是居民收入和消费水平提高最快、从而民生改善最为显著的时期。

一、收入水平、收入构成和消费水平

收入水平和收入构成

中国改革开放 40 年来，随着国民经济快速发展，居民收入稳定增长。2017 年与 1978 年相比，按不变价计算，国内生产总值增长 33.5 倍，年均增长 9.5%，平均每 8 年翻一番；相应地，全国居民人均可支配收入增长 22.8 倍，年均实际增长 8.5%，同样取得平均每 10 年翻一番有余的成绩。如表 5-1-1 所示，分阶段分城乡看：1978 年至 1991 年，城镇居民人均可支配收入从 343 元增长到 1701 元、年均实际增长 6.0%，农村居民人均可支配收入从 134 元增长到 709 元、年均实际增长 9.3%；1992 年至 2000 年，城镇居民人均可支配收入从 2027 元增长到 6256 元、年均实际增长 6.7%，农村居民人均可支配收入从 784 元增长到 2282 元、年均实际增长 4.9%；2001 年至 2017 年，城镇居民人均可支配收入从 6824 元增长到 36396 元、年均实际增长 8.5%，农村居民人均可支配收入从 2407 元增长到 13432 元、年均实际增长 8.0%。

城乡居民的收入构成发生了很大的变化，收入来源日益多元化。

就农村居民而言，一是得益于土地家庭承包经营的普遍推行，家庭经营性收入取代改革以前的集体经营性收入成为收入的主体。1978 年，集体经营性收入占有农户总收入三分之二的比重（66.3%），家庭经营性收入占比四分之一多一点（26.8%）。改革开放后，在绝大多数农村，集体经济比较薄弱，农户家庭成为土地经营的主体，家庭

表 5-1-1 改革开放 40 年居民人均可支配收入和人均消费支出增长情况

阶段（年份）	城镇居民		农村居民	
	收入及消费种类	年均实际增长 (%)	增长绝对值（元）	年均实际增长 (%)
1978—1991	收入：343—1701 消费：311—1454	6.0 5.5	收入：134—709 消费：116—620	9.3 7.5
1992—2000	收入：2027—6256 消费：1672—5027	6.7 6.0	收入：784—2282 消费：659—1714	4.9 4.5
2001—2017	收入：6824—36396 消费：5350—24445	8.5 7.4	收入：2407—13432 消费：1803—10955	8.0 8.6

经营很长一段时期成为农村居民收入的最主要的来源，1990 年的比重高达 75.6%，2000 年和 2010 年分别为 63.3% 和 48%。

二是得益于农村人口自由流动和工业化、城镇化的推进，农业剩余劳动力大量流向非农产业和城镇，农村居民的工资性收入快速增长，在农户总收入中的比重越来越高，1990 年、2000 年和 2010 年分别为 20.2%、31.2% 和 41.1%，2014 年超过经营性收入成为农户收入的首要来源。

三是财产性收入和转移性收入从无到有，地位日渐凸显。1990 年农村居民人均收入中的转移性收入与财产性收入未作区分，二者加在一起只占 4.2%，到了 2010 年分别占有了 7.7% 和 3.4% 的比重。社会保障体系的建立健全和扶贫攻坚的有力推进，住房出租行为的增多和农村土地"三权分置"，肯定有助于农村居民转移性收入和财产性收入的增长。

四是农村居民收入的货币化程度不断提高，可支配性显著增强。农村居民现金收入占总收入的比重，1980 年刚过半数为 52.3%，1990 年、2000 年和 2010 年分别增加到 68.3%、75.7% 和 87.3%，2016 年

中国居民的收入增加带动了相关消费业的增长。图为湖北小伙回乡创业销售珠宝，带动整个村相关产业从业人员致富。

按新口径计算占到了人均可支配收入的 93.8%，这是改革开放以来农村居民的生产和生活商品化、市场化、社会化进程的真实写照。

就城镇居民而言，工薪阶层的工薪收入大幅增长，但在总收入中所占比重有所下降。改革开放以前，公有制一统天下，工资冻结多年，而且平均主义严重。改革开放以来，工资标准和工资体制做了多次调整和改革，城镇居民的工薪收入不断提高。按可比口径计算，2010 年的人均工资性收入是 1990 年的 11.9 倍，2016 年的人均工资性收入是 2012 年的 1.2 倍。伴随民营经济和个体经济的发展，城镇居民人均可支配收入中工资性收入的比重逐步降低，1990 年为 75.8%，2010 年为 65.2%，2016 年（新口径）降到 61.5%。在工资性收入比重降低的同时，是经营性收入和财产性收入的成倍增长。进入新时期，个人创业受到鼓励，私有产权受到保护，个体工商户从 1978 年的 14 万户增长到 2017 年的 6579.3 万户，私营企业从 1989 年获准登记后的 9.05 万户增长到 2017 年的 2726.3 万户，民营企业数量已占全部市场主体数量的 94.8%，从业人员达 3.41 亿人。相应地，城镇居民人均可支配收入中经营净收入占的比重从 1990 年的 1.5%、2000 年的 3.9% 提高到 2010 年的 8.1%，2016 年按新口径统计占 11.2%。改革初期城镇居民财产性收入几乎只有银行存款利息，1985 年人均不足 4 元，在人均可支配收入中所占的份额只有 0.5%。改革开放以来伴随居民个人投资理财渠道的日渐丰富和拓展，财产性收入的来源也日益多样化，在人均可支配收入中的比重从 1990 年的 1%、2000 年的 2% 提高到 2010 年的 2.5%，2016 年按新口径统计猛增到 9.7%。同一时期，城镇居民人均可支配收入中转移性收入的比重也逐年有所提升，从 1990 年的 21.7%、2000 年的 22.9% 提高到 2010 年的 24.2%。按最新统计，2016

2019 年 1 月，国务院新闻办公室举行 2018 年进出口情况新闻发布会。2018 年中国有进出口实绩的民营企业 37.2 万家，对当年中国外贸增长的贡献度超过 50%，对外贸发展的拉动作用更加突出。

年城镇居民人均可支配收入中转移性收入的比重为 17.6%，比 2013 年的 16.3% 增加了 1.3 个百分点，统计口径变了，但增长势头未变。

从 2013 年起，有了统一的城乡居民收支核算。结果显示，转移净收入和财产净收入占比提高是近几年来居民可支配收入构成变动的突出特点。2016 年全国居民人均可支配收入中，人均转移净收入 4259 元，比 2012 年增长 56.2%，年均增长 11.8%，占人均可支配收入的比重由 2012 年的 16.5% 提高到 2016 年的 17.9%，提高 1.4 个百分点。人均财产净收入 1889 元，比 2012 年增长 53.5%，年均增长 11.3%，占人均可支配收入的比重由 2012 年的 7.5% 提高到 2016 年的 7.9%，提高 0.4 个百分点。人均工资性收入 13455 元，比 2012 年增长 43.5%，年均增长 9.4%。人均经营净收入 4218 元，比 2012 年增长 33.0%，年均增长 7.4%。2016 年人均工资性收入和经营净收入占人均可支配收入的比重分别比 2012 年下降 0.3 和 1.5 个百分点。

2019 年，全国居民人均可支配收入中，工资性收入、经营净收入、财产净收入、转移净收入分别占 55.9%、17.1%、8.5%、18.5%。

消费支出水平

居民消费水平伴随居民收入同步提高。如表 5-1-1 所示，分阶段分城乡看：1978 年至 1991 年，城镇居民人均消费支出从 311 元增长到 1454 元、年均实际增长 5.5%，农村居民人均消费支出从 116 元增长到 620 元、年均实际增长 7.5%；1992 年至 2000 年，城镇居民人均消费支出从 1672 元增长到 5027 元、年均实际增长 6.0%，农村居民人均消费支出从 659 元增长到 1714 元、年均实际增长 4.5%；2001 年至 2017 年，城镇居民人均消费支出从 5350 元增长到 24445 元、年均实际增长 7.4%，农村居民人均消费支出从 1803 元增长到 10955 元、年均实际增长 8.6%。从绝对数看，城镇居民和农村居民的消费支出水平都在提高，但差距不断拉大，从 1978 年的相差 267 元增加到

表 5-1-2　居民消费水平（1978—2019）

年份	绝对数（元）			城乡消费水平对比（农村居民 = 1）	指数（上年 = 100）			指数（1978 = 100）		
	全体居民	城镇居民	农村居民		全体居民	城镇居民	农村居民	全体居民	城镇居民	农村居民
1978	183	387	138	2.8	104.1	102.2	104.5	100.0	100.0	100.0
1980	237	482	178	2.7	109.2	109.2	108.2	116.9	113.8	115.2
1985	437	734	345	2.1	112.6	109.0	113.8	181.3	140.9	191.6
1990	825	1389	623	2.2	102.8	101.8	103.3	227.4	169.6	238.5
1995	2317	4699	1342	3.5	108.3	109.5	105.1	340.2	294.9	287.8
2000	3698	6808	1931	3.5	110.5	109.7	106.7	493.3	390.2	379.7
2001	3954	7109	2048	3.5	105.9	103.6	104.7	522.4	404.1	397.6
2002	4256	7498	2175	3.4	108.2	106.0	106.6	565.1	428.5	423.9
2003	4542	7812	2313	3.4	105.4	103.1	104.7	595.6	441.6	443.6
2004	5056	8565	2540	3.4	106.6	105.6	103.8	635.1	466.2	460.4
2005	5671	9472	2805	3.3	109.5	108.3	106.8	695.7	505.2	491.8
2006	6302	10329	3095	3.3	108.0	105.9	107.5	751.4	534.8	528.7
2007	7434	11981	3579	3.3	112.5	111.0	109.0	844.9	593.9	576.0
2008	8483	13527	4012	3.4	107.5	106.7	104.4	908.0	633.9	601.1
2009	9226	14447	4341	3.3	110.5	108.4	110.5	1003.7	686.9	663.9
2010	10550	16260	4851	3.4	107.5	105.6	105.7	1079.4	725.6	701.7
2011	12646	18968	5996	3.2	109.8	107.4	111.5	1185.6	779.3	782.1
2012	14075	20759	6667	3.1	109.3	107.9	107.6	1295.7	840.9	841.3
2013	15615	22583	7524	3.0	108.1	106.1	109.8	1400.9	891.9	923.4
2014	17271	24508	8508	2.9	108.5	106.4	110.9	1519.7	949.4	1024.0
2015	18929	26413	9365	2.8	109.6	107.7	110.1	1665.8	1022.8	1127.9
2016	20877	28600	10493	2.7	108.2	105.7	111.6	1801.7	1081.6	258.4
2017	23070	30959	11940	2.6	106.7	104.5	110.7	1922.9	1130.0	1386.4
2018	25378	33308	13689	2.4	107.5	105.1	112.1	2066.5	1187.2	1554.5
2019	27563	35625	15163	2.3	106.0	104.3	108.2	2190.2	1238.7	1682.5

注：1. 城乡消费水平对比没有剔除城乡价格不可比的因素（相关表同）。

　　2. 居民消费水平指按常住人口计算的人均居民消费支出（相关表同）。

2017 年的 13490 元。从走势上看，二者的差距 20 世纪 80 年代下半期持续缩小，其倍数从 1978 年的 2.9 下降到 1985 年的 2.2，90 年代以后不断扩大，二者的倍数从 1990 年的 2.2 扩大到 2000 年的 3.7，2000 年以来又缓慢缩小到 2010 年的 3.5，此后持续缩小，2015 年为 2.8，

图 5-1-1　全国居民人均消费水平增长走势（绝对数，现价元）

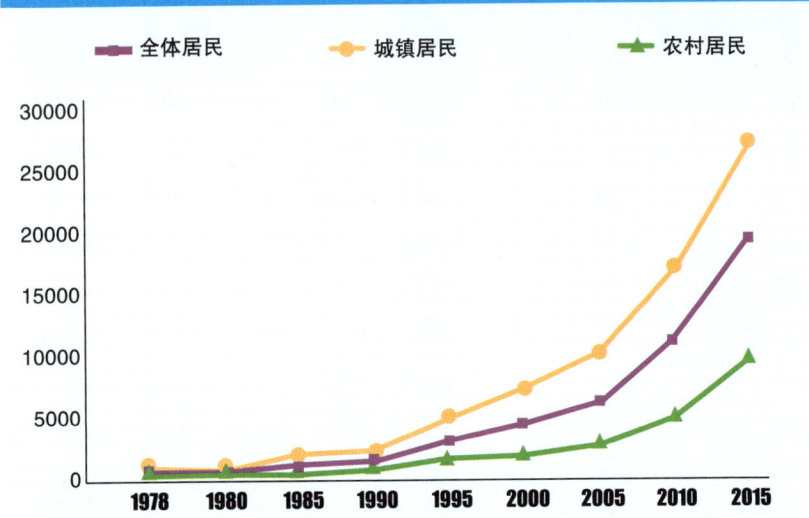

图 5-1-2　城镇和农村居民人均消费水平对比走势（农村 =1）

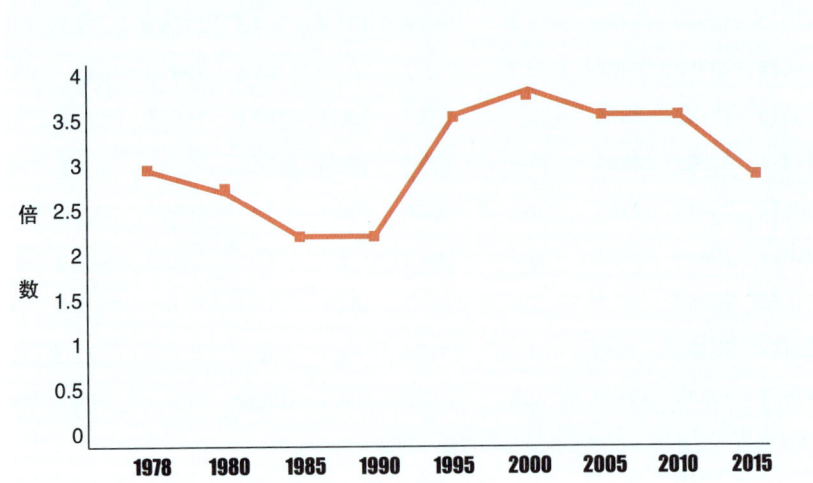

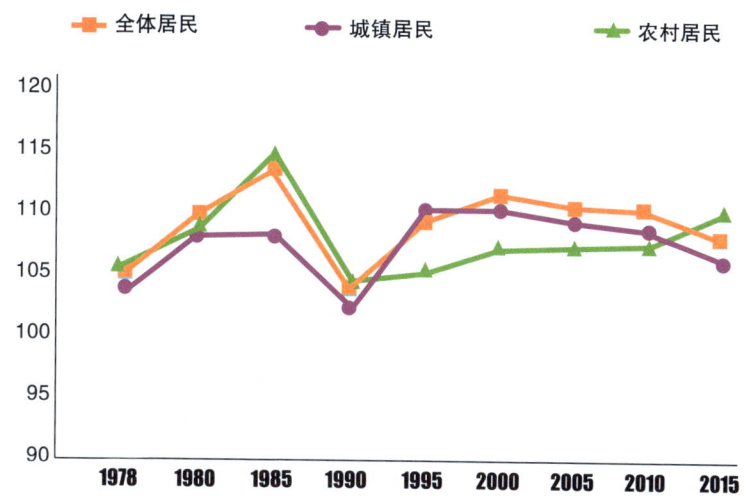

图5-1-3　居民人均消费水平增长环比指数走势（上年=100，不变价）

图例：全体居民　城镇居民　农村居民

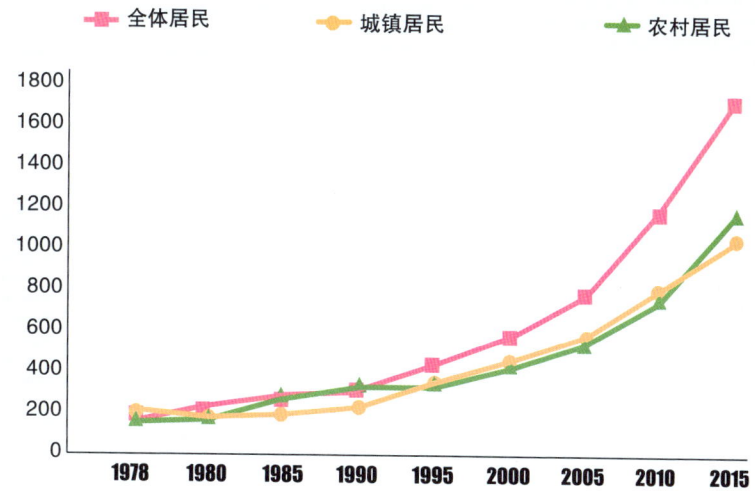

图5-1-4　居民人均消费水平增长同比指数走势（1978年=100，不变价）

图例：全体居民　城镇居民　农村居民

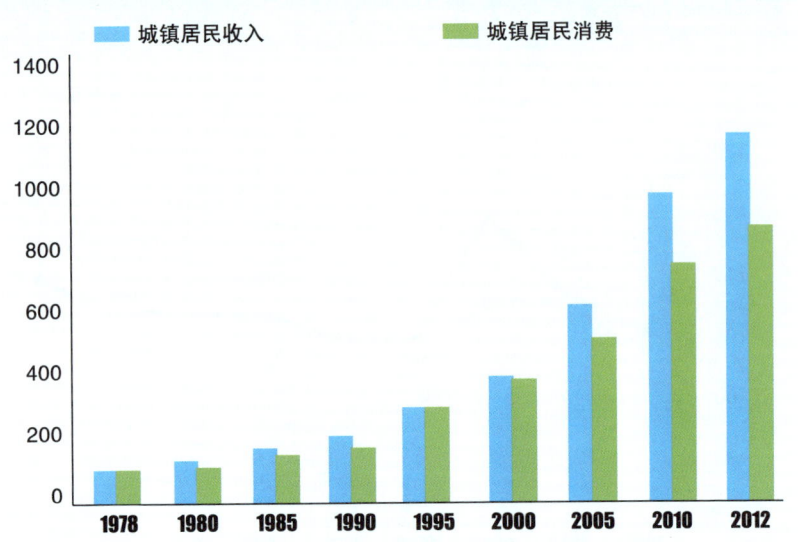

图 5-1-5　城镇居民收入增长与消费增长吻合度（1978 年 =100, 不变价）

城镇居民收入　　城镇居民消费

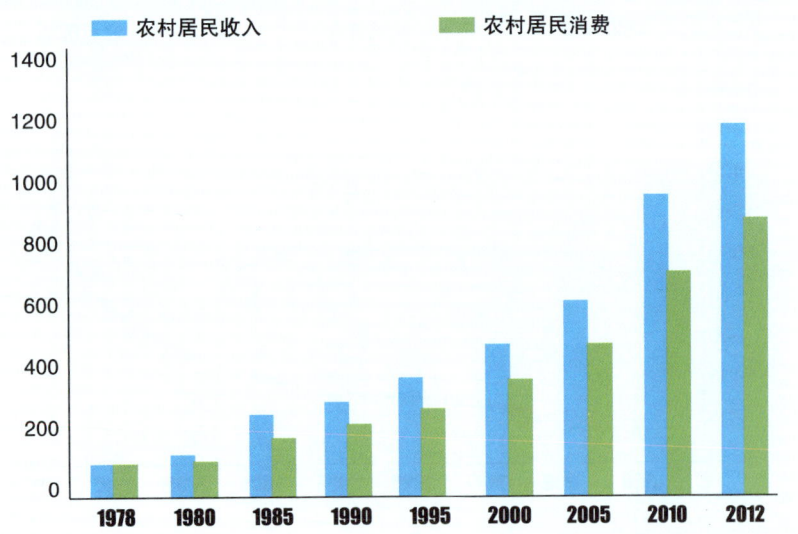

图 5-1-6　农村居民收入增长与消费增长吻合度（1978 年 =100, 不变价）

农村居民收入　　农村居民消费

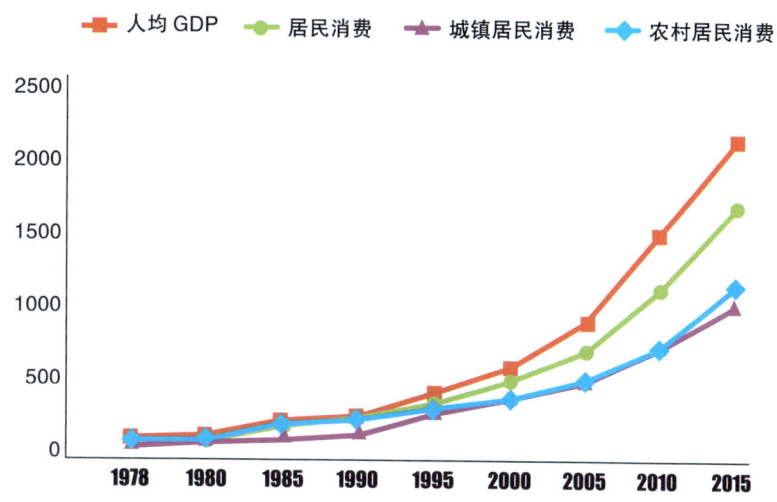

图5-1-7 人均GDP指数与居民消费指数对比（1978年=100，不变价）

2016年为2.7、2017年为2.2。2010年以来农村居民人均消费支出水平增长持续快于城镇居民，是以此前若干年以来农村居民人均收入水平增长速度开始接近乃至超过城镇居民为基础的。总体上看，居民消费走势与居民收入走势以及人均GDP走势有较高的吻合度。

进入21世纪以来，中国居民人均消费水平与人均收入水平逐渐拉开了差距，表明实现了总体小康以后，无论是城镇居民还是农村居民手头都有了越来越多的剩余。1978年城镇居民人均生活消费支出311.2元，人均可支配收入343.4元，前者是后者的90.6%；农村居民人均生活消费支出116.1元，人均纯收入133.6元，前者是后者的86.9%。2017年城镇居民人均消费支出24445元，人均可支配收入36396元，前者是后者的67.2%；农村居民人均消费支出10955元，人均可支配收入13432元，前者是后者的81.6%。收入超出消费的剩余可以用于储蓄，也可以用来投资。金融机构住户存款年底余额2019年达到813017亿元，而1980年只有区区395.8亿元。

二、消费结构和生活质量

恩格尔系数不断降低

恩格尔系数是衡量消费水平和生活质量的重要指标。恩格尔系数由食物支出金额在总支出金额中所占的比重来显示。一般地讲，居民消费支出中食物消费占的比重与该居民的收入水平成反比。联合国根据恩格尔系数的大小，对世界各国的生活水平有一个划分标准，即一个国家平均家庭恩格尔系数大于 60% 为贫穷，50%–60% 为温饱，40%–50% 为小康，30%–40% 属于相对富裕，20%–30% 为富足，20% 以下为极其富裕。按此划分标准，20 世纪 90 年代，恩格尔系数在 20% 以下的只有美国，达到 16%；西欧、日本、加拿大，一般在 20%–30% 之间，是富裕状态；东欧国家，一般在 30%–40% 之间，相

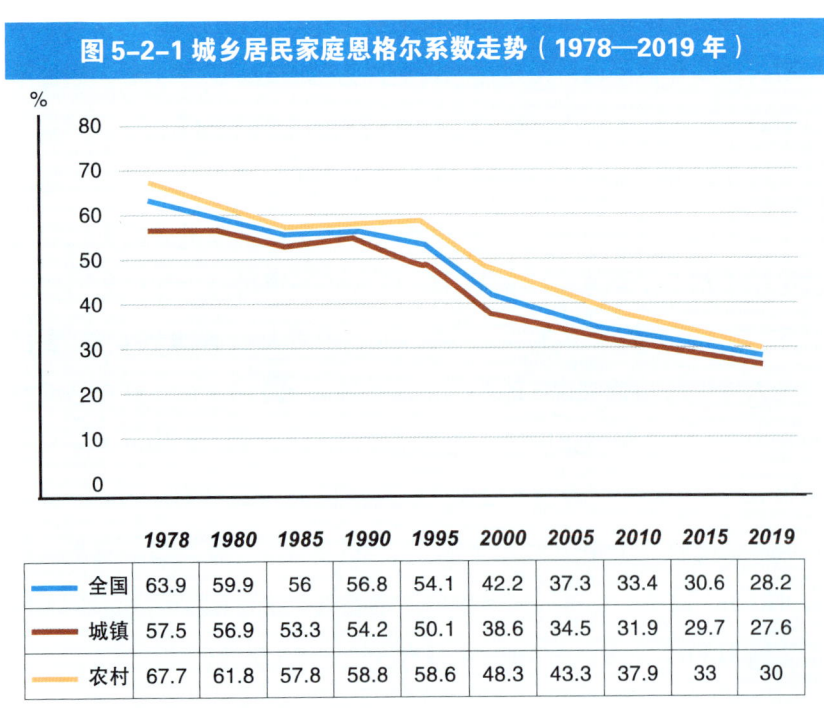

图 5–2–1 城乡居民家庭恩格尔系数走势（1978—2019 年）

	1978	1980	1985	1990	1995	2000	2005	2010	2015	2019
全国	63.9	59.9	56	56.8	54.1	42.2	37.3	33.4	30.6	28.2
城镇	57.5	56.9	53.3	54.2	50.1	38.6	34.5	31.9	29.7	27.6
农村	67.7	61.8	57.8	58.8	58.6	48.3	43.3	37.9	33	30

对富裕；剩下的发展中国家，基本上分布在小康阶段。中国在同一时期尚处在温饱阶段，而在改革开放初期的 1978 年，农村家庭的恩格尔系数约 68%，城镇家庭约 59%，平均计算超过 60%，表明此时的中国温饱还没有解决。

改革开放以来，随着国民经济的发展和居民整体收入水平的提高，农村家庭、城镇家庭的恩格尔系数都不断下降，城镇家庭 1996 年、农村家庭 2000 年先后下降到 50% 以下，显示此时的居民生活已温饱有余进入小康。此后，恩格尔系数再降到 40% 以下，农村用了 12 年，城镇只用了 4 年。2015 年城镇居民家庭的恩格尔系数、2017 年全国居民家庭的恩格尔系数先后下降到 30% 以下，但是还不稳定，受疫情影响，2020 年全国居民家庭的恩格尔系数又重新回升到 30% 以上（30.2%，其中城镇 29.2%、农村 32.7%）。

食品消费质量提高，膳食营养显著改善

改革开放初期，伴随食物供给能力全面增强，在人均粮食消费量持续增长的同时，肉、蛋、水产品等各种主要食物消费量也都呈现不断增加的态势。居民的营养水平明显提高，膳食质量有所改善。20 世纪 80 年代中期以后，人均粮食直接消费量开始下降，动物性食物消费量增长较快，动物性食物提供的脂肪超过植物性食物提供的脂肪，膳食结构朝动植物食物并重型的模式转变。进入 21 世纪以来，粮食消费量的下降幅度日趋减缓，人均热量、蛋白质和脂肪的日均摄入量继续改善，居民的食物消费需求从满足生存向吃饱、吃好、吃得安全转变，表明食物消费已进入了一个新的阶段。

从城镇看，2016 年城镇居民人均食用植物油消费 10.6 公斤，比 2012 年增加 1.4 公斤，增长 15.8%；人均牛羊肉消费 4.3 公斤，比 2012 年增加 0.6 公斤，增长 15.3%；人均鲜奶消费 16.5 公斤，比 2012 年增加 2.6 公斤，增长 18.6%。从农村看，农村居民食品消费质量全

2016年8月，市民在新开业的北京东单超市内挑选商品。

面改善，肉、蛋、奶、水产品等较高质量的食品消费数量显著增加。2016年农村居民人均猪肉消费18.7公斤，比2012年增加4.3公斤，增长29.8%；人均蛋及制品消费8.5公斤，比2012年增加2.6公斤，增长44.6%；人均奶及制品消费6.6公斤，比2012年增加1.3公斤，增长25.4%；人均水产品消费7.5公斤，比2012年增加2.1公斤，增长39.7%。

随着城乡居民收入水平的提高和生活观念的转变，以及生活节奏的加快，居民在外用餐次数明显增多，消费额迅速增加，占食品支出的比重也越来越大。2000年以来，我国城镇居民人均年度在外用餐支出持续增长，至2012年达1315.09元，比2000年的287.80元增长了356.95%，复合增长率达13.50%。同时，在外用餐支出占总消费性支出的比例从2000年的5.76%波动上升到2012年的7.89%。近年来城镇居民外出用餐增速放缓，则是由于叫外卖的多起来了。

穿衣打扮丰富多彩，消费理念不断更新

穿衣问题是与吃饭问题同步解决的。1982年，20世纪70年代"四三方案"引进的4套化纤项目全部投产，大量的涤纶、腈纶等合成纤维纺织品和塑料制品解决了中国的服装、鞋帽供应问题，以往的"新三年、旧三年、缝缝补补又三年"的穿衣习惯彻底改变了，告别了"补丁"时代，因此也才有了1984年布票等票证的取消。人们的穿着越来越丰富，色彩也从单一的蓝色灰色变得五颜六色，戴太阳镜、留长头发、穿喇叭裤、蝙蝠衫一度成为部分年轻人的时尚。20世纪90年代，随着人们收入的不断增加，衣着消费结构发生明显变化，成衣消费上升，面料消费下降。进入21世纪以来，各个品牌专卖店、加盟店、服装专营店都进驻商场，服装材质、款式、风格种类不断被细化，出现了正装、晚装、礼服、唐装、休闲装、运动装、家居服等若干门类，

中国居民衣着消费年均增长超过14%，图为顾客们在选购服装。

复古风、萝莉风、职业风、民族风、日韩风等各类风格。

随着生活水平的不断提高，精神世界的不断丰富，人们对穿着的要求似乎不再执拗于追求个性和与众不同，时尚的定义也没了绝对的界限，穿着更成为体现自身气质、品位和态度的一种方式。近年来，服装消费的升级换代很快，经过近 20 年的品牌化熏陶，消费者已经形成较为成熟的服装消费理念，购买衣服时关注品牌、潮流趋势和性价比等因素，而且不仅仅在意商品，更注重整个消费的体验感。近 40 年来，服装消费支出在居民家庭消费支出中的比重经历了一个先缓慢上升又缓慢下降的过程，城镇居民从 1990 年的 13.36%，逐步下降到 2000 年的 10.01% 和 2016 年的 9.01%；农村居民从 1990 年的 7.77%，下降到 2010 年的 6.03% 和 2016 年的 5.68%。

住房商品化、社会化，住房保障不断完善

20 世纪 70 年代末中国城镇居民人均居住面积甚至不及 50 年代，公有住房占七成以上。改革开放伊始，国家开始试售住房，允许私人建房、私人购房、私人拥有自己的住房。其后，从 1986 年开始试行提租补贴，1991 年开始试行以售代租，从 1994 年开始全面推进住房商品化、社会化（相应建立起了住房公积金制度）。进入 21 世纪以来，经过若干年的房地产市场调控实践，中国政府增强了加快建立和完善住房保障体系的迫切性，逐步明确了政府的责任和宏观调控的主攻方向。主要是：强化政府住房保障职能，加快城镇廉租住房制度建设，规范发展经济适用住房，积极发展住房二级市场和租赁市场，有步骤地解决低收入家庭的住房困难。

2007 年发出的《国务院关于解决城市低收入家庭住房困难的若干意见》，标志着从"重市场、轻保障"向着 1998 年房改政策"市场、保障并重"的正确方向的回归，从"重买房、轻租赁"向着"租、售并举"的合理模式的回归。"十二五"时期，进一步加大了城镇棚户

2019 年江苏省淮安市大运河畔一处商品房建筑楼群。

区和农村危旧房改造力度，改造棚户区住房 2600 多万套，改造农村危房 1700 多万户，有效改善了困难群众的住房条件，发挥了带动消费、扩大投资的积极作用，促进了社会和谐稳定。2016 年全国居民人均住房建筑面积为 40.8 平方米，其中，城镇居民人均住房建筑面积为 36.6 平方米，农村居民人均住房建筑面积为 45.8 平方米。城镇、农村居民人均住房建筑面积分别比 2012 年增长了 11.1% 和 23.3%，年均增长分别为 2.7% 和 5.4%。2016 年农村居民居住在钢筋混凝土或砖混材料结构住房的户比重为 64.4%，比 2013 年提高 8.8 个百分点。

耐用品消费从普及到不断升级换代

用的方面，改革开放以来现代化家庭设备及用品成倍增长，而且不断升级换代，从20世纪80年代的自行车、缝纫机、手表"老三件"到90年代的彩电、冰箱、洗衣机的"新三件"，再到21世纪以来的移动电话、电脑和家用汽车的"新新三件"。改革开放以来，耐用品先是经历了一个从无到有的市场覆盖率上升阶段，体现为彩电、冰箱、空调、洗衣机、家纺等基础产品市场规模的高速成长，这表明改革开放初期仍是一个耐用品短缺时代；然后就是产品功能优化、产品升级及替换需求推动消费大潮的新阶段。从另一个角度来看，中国消费结构经历了以基本消费品、普通耐用品、高端耐用品、轿车住房为代表的4个阶段。目前，中国已进入了以智能终端、移动互联网等为代表的信息消费新阶段。

近年来，在耐用品消费的升级换代方面，农村正在快速跟进城镇。以家用交通工具为例，2016年与2013年比，平均每百户年末家用汽车拥有量城镇居民从22.3辆增长到35.5辆，农村居民从9.9辆增长到17.4辆，分别增长59.2%和75.8%；摩托车拥有量城镇略有增长，农村基本保持不变，但电动助力车拥有量则是农村高于城镇，农村从40.3辆增长到57.7辆，城镇从39辆增长到49.7辆。其他如空调、计算机、热水器、电冰箱、移动电话、洗衣机等的增长率都是农村明显快于城镇，农村分别为59.7%、39.5%、36.9%、22.8%、20.7%、18%，城镇分别为21.0%、11.9%、10.5%、8.1%、12.3%、6.6%。

交通工具和交通方式品种齐全，日常出行安全便捷

40年来，中国居民的交通工具和出行方式发生了翻天覆地的变化。从交通工具上看，改革开放初期，中国还是十足的自行车王国，自行车是主要的交通工具，与缝纫机、手表并称为"三大件"，地位无异

2018年4月10日,中国铁路实行新的列车运行图。图为新开通的"复兴号"列车。

于现在的私家车。从20世纪90年代开始,摩托车作为一种时髦代步工具快速进入寻常百姓家,出行方式被大大改变了。但是很快,1995年以后,在北京及深圳、广州、温州等沿海经济发达城市,合资生产的以及易货贸易进口的小型车,开始逐步进入居民家庭。21世纪前后,随着居民生活水平的不断提高,很多人具备了汽车消费的能力,不少市民告别了自行车、电动车、摩托车,将私家车作为日常生活出行的交通工具。私家车的大量出现,改变的不仅是出行方式和效率,也改变了市民的生活方式和理念。如今,私家车在城市接近饱和,已经越来越多地开进了农村。截至2017年底,全国机动车保有量达3.10亿辆,其中汽车2.17亿辆;机动车驾驶人达3.85亿人,其中汽车驾驶人3.42亿人。从车辆类型看,载客汽车保有量达1.85亿辆,其中以个人名义登记的小型和微型载客汽车(私家车)达1.70亿辆,占载客汽车的91.89%。

从出行方式上看，目前自驾已是国人出行的第一选择，其次是公路客运（巴士），然后依次是铁路、民航和水上客运，而这一切都是以交通运输的通达性为基础的。40 年来，中国交通运输经历了一个飞跃性的发展历程，全国"五纵五横"综合运输大通道基本贯通，高铁覆盖 65% 以上的百万人口城市，高速公路覆盖 97% 的 20 万人口城市及地级行政中心，二级及以上公路通达 96.7% 的县，高铁、高速公路、城市轨道交通运营里程和港口深水泊位数量均居世界第一，民航运输机场服务覆盖全国 88.5% 的地市、76.5% 的县，全国约 99.2% 的乡镇和 98.3% 的建制村通上了沥青路、水泥路。一个走向现代化的综合交通运输体系正展现在世界面前。

发展型和享受型消费比重上升，服务性消费快速增长

随着经济的发展、收入的增长和社会的进步，居民消费结构从以衣食为主的生存型向发展型、享受型转变，教育文化、交通通信、医疗保健、住宅和旅游等方面的消费需求明显增加。文教娱乐消费在

中国家长带着孩子体验滑雪。

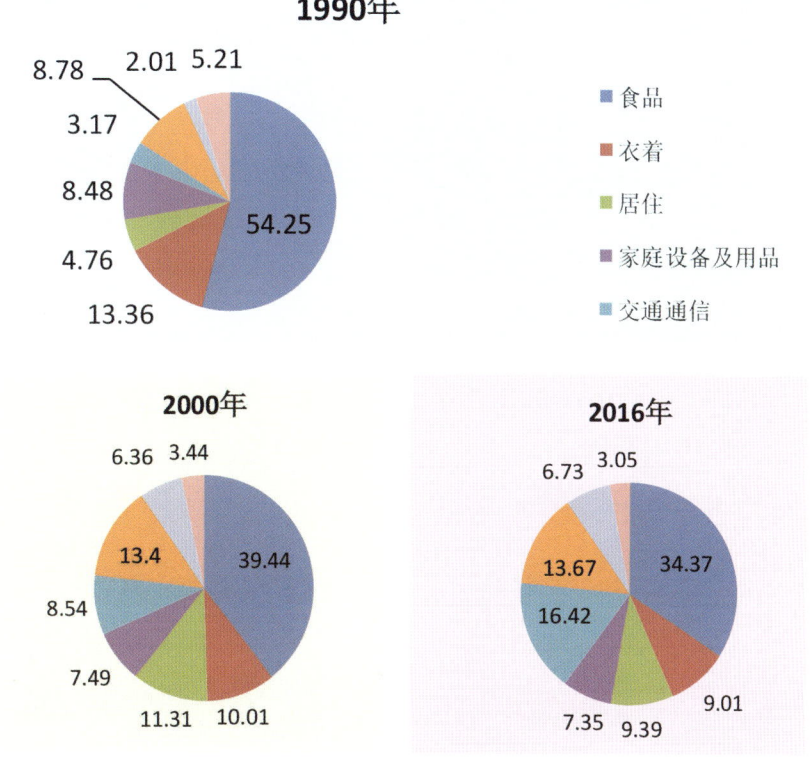

图 5-2-2 1990、2000、2016 年城镇居民家庭消费支出结构

1990年

8.78 2.01 5.21
3.17
8.48
54.25
4.76
13.36

■ 食品
■ 衣着
■ 居住
■ 家庭设备及用品
■ 交通通信

2000年

6.36 3.44
13.4   39.44
8.54
7.49
11.31 10.01

2016年

6.73 3.05
13.67   34.37
16.42
7.35 9.39 9.01

家庭总消费中的比重，城镇居民从 1990 年的 8.78% 增长到 2000 年的 13.40%、2016 年的 13.67%，农村居民从 1990 年的 5.37% 增长到 2010 年的 8.37%、2016 年的 10.57%。同一时期，交通通信消费比重城镇居民从 3.17% 增长到 8.54%、16.42%，农村居民从 1.44% 增长到 10.52%、13.42%；医疗保健消费比重城镇居民从 2.01% 增长到 6.36%、6.73%，农村居民从 3.52% 增长到 7.44%、9.17%；居住消费比重城镇居民从 4.76% 增长到 11.31% 再降低到 9.39%，农村居民从 17.34% 增长到 19.06%、21.20%。

总体上看，在居民家庭日常消费中，食物和衣着所占比重呈缓慢

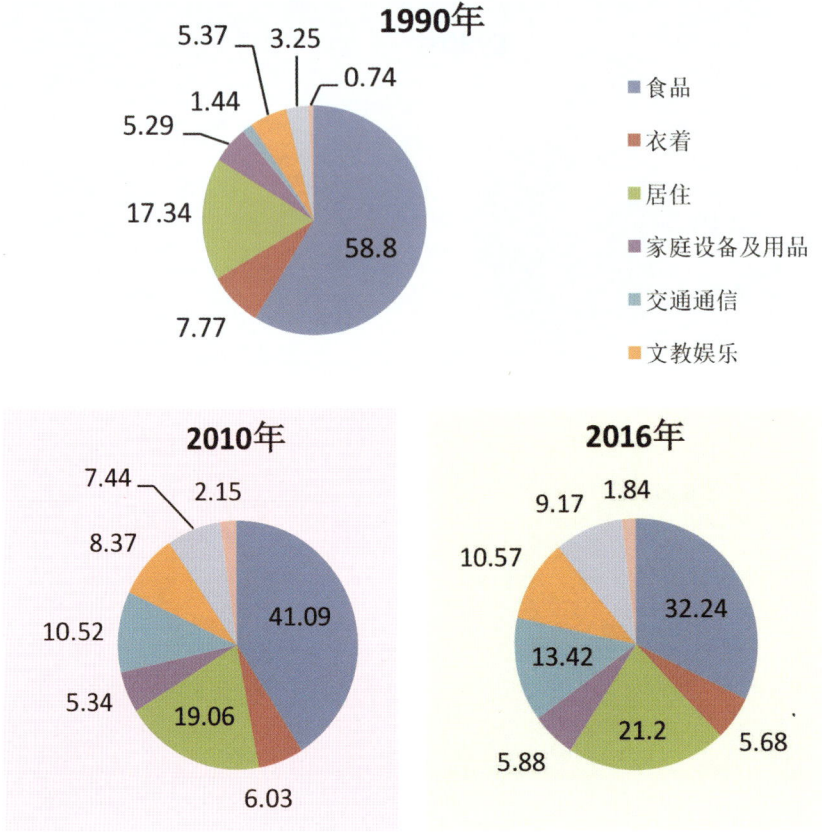

图 5-2-3 1990、2010、2016 年农村居民家庭消费支出结构

1990年

5.37　3.25
1.44　　0.74
5.29
17.34
58.8
7.77

- 食品
- 衣着
- 居住
- 家庭设备及用品
- 交通通信
- 文教娱乐

2010年

7.44　2.15
8.37
10.52
5.34
41.09
19.06
6.03

2016年

9.17　1.84
10.57
13.42
32.24
5.88　21.2　5.68

降低态势，城乡居民分别从 1990 年的 67.61%、66.57% 下降到 2016 年的 43.38%、37.92%，同一时期其他以发展和享受为主的消费分别上升 24.23 和 28.65 个百分点。统计数字表明，近年来居民人均消费增长主要是靠服务性消费增长拉动的，2012—2016 年，全国居民人均交通通信支出、教育文化娱乐支出、医疗保健支出三项年均增速为 11.7%、9.1%、12.6%，分别快于全国居民人均消费支出年均增速 4.3、1.7、5.2 个百分点。

40 年来，发展型和享受型消费的增长还可以旅游业和旅游市场的发展为例。改革开放初期，旅游市场呈现出入境旅游"一枝独秀"的格局，国内旅行以小规模的差旅和公务活动为主。到了 20 世纪 90 年代，随着居民收入的提高与旅游业改革的推进，国内旅游市场迅猛发展。1997 年正式批准开展中国公民出境旅游业务后，旅游市场开始呈现出境内、入境、出境三足鼎立发展的新格局。进入 21 世纪以来，更是呈现出"国内旅游市场高速发展、入出境市场平稳发展"的态势，中国成为世界最大的国内旅游市场、世界第一大国际旅游消费国、世界第四大旅游目的地国家。据最新数据显示，2017 年中国居民国内旅游人数达 50.01 亿人次，国内旅游收入 45661 亿元；入境游客 13948 万人次，国际旅游收入 1234 亿美元；国内居民出境 14273 万人次；全年实现旅游总收入 5.40 万亿元。从出游人次来看，1984 年中国人均国民出游仅有 0.2 次，而到 2015 年则首度超过 3 次，2017 年达到 3.7 次。

此外，改革开放以来居民消费领域的巨大变化还体现在消费方式和消费业态等多个方面，从改革初期的柜台服务，到超市出现后的自由选购，再到大型购物中心和各种品牌专卖店、便利店出现后的品质消费，再到"互联网+"时代的线上线下有机结合的个性消费，无不反映着居民消费的逐步升级和生活质量的不断提高，当然还有以支付宝支付和微信支付引领世界潮流的支付方式的飞跃性变化等等。

扶贫事业成效卓著，全面消除绝对贫困

改革开放以来，中国共产党团结带领中国人民，以坚定不移、顽强不屈的信念和意志与贫困作斗争。进入新时代，在以习近平同志为核心的党中央领导下，中国组织实施了人类历史上规模空前、力度最大、惠及人口最多的脱贫攻坚战。2021 年 2 月 25 日，习近平总书记在全国脱贫攻坚总结表彰大会上庄严宣告，脱贫攻坚战取得了全面胜利，中国完成了消除绝对贫困的艰巨任务。占世界人口近五分之一的中国全面消除绝对贫困，提前 10 年实现《联合国 2030 年可持续发展

2021 年 2 月 25 日，全国脱贫攻坚总结表彰大会在北京人民大会堂隆重举行。

议程》减贫目标，不仅是中华民族发展史上具有里程碑意义的大事件，也是人类减贫史乃至人类发展史上的大事件，为全球减贫事业发展和人类发展进步作出了重大贡献。

中国减贫实践表明，发展是消除贫困最有效的办法，而推进减贫进程，则需要立足实际，循序渐进，精准施策，持久用力。改革开放以来，中国主要是通过农村经济体制改革和经济增长带动减贫，重点采取开发式扶贫方针，引导贫困地区和贫困群众以市场为导向，调整经济结构，开发当地资源，发展商品生产，提高自我积累、自我发展能力。在此期间，基于温饱标准的农村贫困发生率从 1978 年的 30.7% 下降到 1985 年的 14.8%、1993 年的 8.7%、2000 年的 3.7%。2001 年制定第一个十年农村扶贫开发纲要时，基于实现温饱和巩固温饱并重的目标上调了扶贫标准，贫困发生率为 10.2%，2010 年下降至 2.8%。

中国根据经济社会发展和减贫事业推进的实际，逐步调整提高扶

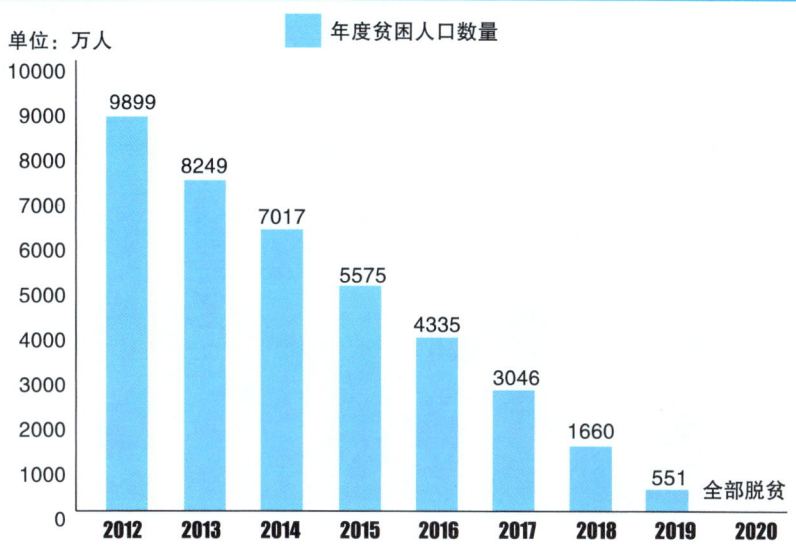

图 5-2-4 脱贫攻坚战以来中国农村贫困人口变化情况

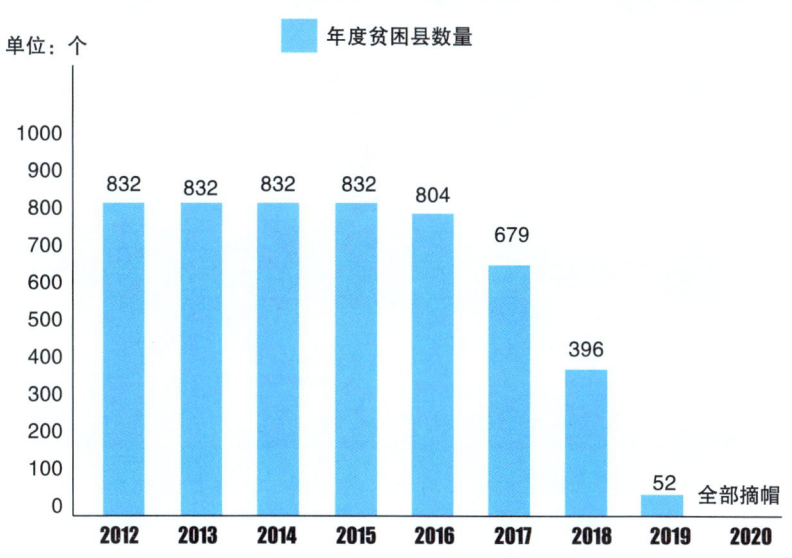

图 5-2-5 脱贫攻坚战以来贫困县数量

江西遂川县根据当地资源特点，出台了一系列政策扶持茶产业发展，使红色革命老区逐渐脱贫致富。图为 2018 年 3 月，江西省遂川县汤湖镇茶农正在采摘茶嫩芽。

2018 年 3 月，安徽省萧县供电公司为山区贫困村彭林村的机井架设 10 千伏专用供电线路，并安装变压器及附属设施。这为山区果园抽水灌溉及群众生产生活用电提供了可靠的保障。

为了在西藏普及文化教育，中国政府对西藏自治区的教育实施了一系列优惠政策，藏族学生自小学至大学毕业的学习费用全部由政府支付。

贫标准，让发展成果更多更好惠及人民群众。2011 年，中国基于"一收入""两不愁三保障"的目标再次上调了扶贫标准，对应的贫困人口数量为 1.22 亿。进入新时代，中国在继续坚持开发式扶贫的同时，实施精准扶贫方略，扶贫路径由"大水漫灌"转为"精准滴灌"，资源使用方式由多头分散转为统筹集中，扶贫模式由偏重"输血"转为注重"造血"，考评体系由侧重考核地区生产总值转为主要考核脱贫成效。在习近平总书记的直接指挥下，在各行各业的鼎力支持下，在广大干部群众的共同努力下，经过 8 年持续奋斗，到 2020 年底，中国如期完成新时代脱贫攻坚目标任务，现行标准下 9899 万农村贫困人口全部脱贫，832 个贫困县全部摘帽，12.8 万个贫困村全部出列，区域性整体贫困得到解决，完成消除绝对贫困的艰巨任务。贫困人口的收入和福利水平大幅提高，贫困地区农村居民人均可支配收入从 2013 的 6079 元增长到 2020 年的 12588 元，年均增长 11.6%，增长持

四川省内江市石滩村是省级贫困村，2018 年以来，政府投入产业扶持资金，与光伏发电公司合作建设光伏发电站，于 2019 年 3 月并网发电，增加了村集体经济收益。

续快于全国农村，增速比全国农村高 2.3 个百分点。贫困户"两不愁三保障"全面实现，教育、医疗、住房、饮水等条件明显改善，既满足了基本生存需要，也为后续发展奠定了基础。

除了上述几个方面以外，安全保障也是民生保障的重要环节。安全是民生之盾。比较一下中国的改革开放以来和之前的动乱年代，国民的安全感、幸福感油然而生，因而倍加珍惜当下的和平和安定。当然，安全保障除了惯常所指的政治局势和社会治安状况以外，还包括食品安全、药品安全、交通安全、生产安全以及环境安全、信息安全等等，涉及面很广。2014 年习近平总书记提出总体国家安全观，使安全保障的内涵和外延更加丰富，时空领域愈加宽广，强调"必须坚持总体国家安全观，以人民安全为宗旨，以政治安全为根本，以经济安全为基础，以军事、文化、社会安全为保障，以促进国际安全为依托，走出一条中国特色国家安全道路。"事实也确实如此，各种安全彼此关联，必须从总体上加以把握。习近平总书记特别强调要处理好发展与安全之间的关系，发展是安全的基础，安全是发展的条件，二者相互支撑、相互促进、高度融合、有机统一。这是改革开放 40 年来的实践得出的一条重要经验。

三、民生改善的阶段性特征

中国自改革开放以来，伴随生产力的发展、经济实力的增强和社会建设的不断推进，民生改善经历了数量满足型、品质追求型、均衡发展型三个前后递进的阶段，还将向更高的文明提升型阶段升级。

中国计划经济时期，由于长期奉行农业积累支持下的重工业优先发展战略，生活必需品和日常消费品长期处于短缺状态。从 1949 年到 1978 年，重工业增长 90.6 倍，轻工业和农业只增长 19.8 倍和 2.4 倍。改革开放后，经济结构失衡的局面逐步改变，物资慢慢丰富起来，商品市场开始活跃，曾经严格的票证制度越来越松动，国家逐步缩小了消费品定量配给的范围。1983 年，由国家统一限量供应的只剩粮食和食用油两种。

20 世纪 80 年代下半期至 90 年代初期，开始出现口粮、蔬菜消费下降趋势，肉类、蛋类、水产品和酒的消费相应呈增长趋势，表明居民吃饱问题已基本解决，膳食结构开始改善。粮食消费日益间接化，特别是饲料用粮迅速增加。在城镇，居民的主食日益依赖市场供应。这样的趋势保持了若干年以后，政府确信粮食供应紧张时期已经结束，终于在 1993 年宣布取消粮油凭票供应，有"第二货币"之称的粮票正式退出历史舞台。此前，1985 年取消粮食统派购制度，1992 年陆续放开粮食及其他农产品价格，实行购销同价。同一时期，对消费品

表 5-3-1 部分年份城乡居民家庭平均每人全年食品消费

（单位：公斤）

城镇	1985	1990	1995	农村	1990	1995	1998
粮食（原粮）	134.76	130.72	97.00	粮食（原粮）	262.08	258.92	249.28
鲜菜	144.36	138.70	116.47	蔬菜	134.00	210.74	208.97
食油	5.76	6.40	7.11	食油	5.17	5.80	6.13
猪牛羊肉	18.72	21.74	19.68	猪牛羊肉	11.34	11.29	13.20
家禽	3.24	3.42	3.97	家禽	1.26	1.83	2.33
鲜蛋	6.84	7.25	9.74	蛋及制品	2.41	3.22	4.11
水产品	7.08	7.69	9.20	鱼虾	2.13	3.06	3.31
食糖	2.52	2.14	1.68	食糖	1.50	1.28	1.40
酒	7.8	9.25	9.93	酒	6.14	6.53	6.98

工业采取"六个优先"的原则，轻重工业结构得到调整，重积累、轻消费的现象明显改观。

1992 年开启市场化改革以来，受市场需求引导的消费品生产迅猛发展，城市里的各类商场如雨后春笋般涌现，商品种类、档次日渐丰富，价格竞争日趋激烈。90 年代中期以后，国内消费品市场进入一个生产相对过剩、需求相对不足的时期。城乡大多数居民收入水平有了一定程度的提高，有支付能力的普及型、温饱型需求已经基本饱和，相当时期内将不会再重复购买，而新的较高水平的购买能力还有待形成。

1998 年，中国正式宣布国内消费品市场同生产资料市场一起实现了由卖方市场向买方市场的转变。这是一个历史性的转变，它是民生改善结束了数量满足型阶段的标志，它的实现证明了匈牙利经济学家雅诺什·科尔奈揭示的"短缺现象"并不是社会主义的"专利"，"需求约束"也不是资本主义专有的标签，准确地说，买方市场只是同市场经济相联系，在中国它是以建立社会主义市场经济体制为指向的体制改革带来的第一个重大成果。两年后，即 2000 年，中国宣布总体

城市打造"放心菜篮子",方便市民在家门口购物买菜。

进入小康社会,表明人民生活提高到了这样一个水平——用改革开放总设计师邓小平的话说,就是还不富裕,但好过了。

温饱问题解决以后,特别是消费品市场由卖方市场转变为买方市场以后,中国居民对消费品的关注逐渐从数量转向质量,消费态度变得较为理性。21 世纪,居民的食物消费尤其是城市居民的食物消费已经上升到了一个新的档次,即在满足数量增长的同时更加注重质量的保障。政府敏锐地意识到了这一点,以这一时期反映突出的食品安全问题为例,早在 2001 年农业部就积极推行"无公害食品行动计划";2007 年,国务院发布了《关于加强食品等产品安全监督管理的特别规定》;2009 年《食品安全法》颁布施行,与此同时,国务院食品安全委员会、食品安全风险评估专家委员会、食品安全标准评审委员会等高层次议事协调机构陆续建立,更新了应对食品安全问题的法律机制、协调机制和科学评估机制。2015 年新修订的《食品安全法》"着力解决现阶段食品安全领域中存在的突出问题,体现了党的十八届三中全

2017 年 10 月 18 日，中国共产党第十九次全国代表大会在北京人民大会堂开幕。

会建立最严格的覆盖全过程的食品安全监管制度的精神，回应了维护食品安全、保障人民群众生命健康的社会呼声，巩固了监管体制改革的成果。"

　　2017 年中共十九大宣示中国特色社会主义进入新时代，社会主要矛盾已经转化为人民日益增长的美好生活需要和不平衡不充分的发展之间的矛盾。这一转化标志着中国的民生改善进入均衡发展型阶段。十九大规划了 2035 年基本实现现代化、2050 年全面实现现代化的新目标，作为前提，就是一定要如期实现 2020 年全面进入小康社会的既定目标。全面实现小康社会，关键在于如何实现"全面"，为此十九大和"十三五"规划作出了重点抓好决胜全面建成小康社会的防范化解重大风险、精准脱贫、污染防治三大攻坚战的部署。打好三大攻坚战，说到底是为了实现高质量发展，更是为了满足人民日益增长的美好生活需要。按照中共十九大以来的既定部署，2020年实现全面小康以后，再奋斗15年，争取实现"人民生活更为宽裕，中等收入群体比例明显提高，城乡区域发展差距和居民生活水平差距显著缩小，基本公共服务均等化基本实现，全体人民共同富裕迈出坚实步伐。"这是为基本现代化设定的民生目标。由此不难看出，这个阶段的民生改善重在缩小居民、城乡、地区三大差别，补上污染防治的短板，努力实现经济、政治、文化、社会、生态文明"五位一体"的均衡发展、全面发展，所以可以把这个阶段称之为均衡发展型阶段。

2035年均衡发展型阶段的目标达成后，在基本实现现代化的基础上，再奋斗15年，把中国建成富强、民主、文明、和谐、美丽的社会主义现代化强国。"到那时，我国物质文明、政治文明、精神文明、社会文明、生态文明将全面提升，实现国家治理体系和治理能力现代化，成为综合国力和国际影响力领先的国家，全体人民共同富裕基本实现，我国人民将享有更加幸福安康的生活，中华民族将以更加昂扬的姿态屹立于世界民族之林。"这是中共十九大提出的下一步战略目标。届时中国社会民生福祉的增进将进入一个新的阶段，在那个阶段，已经进入后城市化、后工业化阶段，居民的物质需求已经在更高水平上饱和，居民自我发展需求显著增强，全方位向发达国家看齐，提升居民素质和全社会文明程度会凸显为第一位的民生追求，故可将这个新的民生改善阶段称为文明提升型阶段。

结束语

在一部篇幅不大的书里把中国社会的方方面面介绍清楚是不现实的，笔者只是择其要而言之。本书没有详细叙述的某些领域，读者可以结合整套丛书的内容来了解、判断中国的社会巨变和发展进步。

中国社会已经发生并且正在发生、还将发生巨大的变化。国际上通常把冷战后的原苏联东欧国家称作转型国家，因为在这些国家不但发生了社会性质上的变化，而且由计划经济体制转变为市场经济体制。其实，与这些国家相比，中国是一个更为典型的转型国家，因为在这片辽阔的土地上、在这个人口约占全球 1/5 的发展中大国，正在发生着内涵更为丰富、影响更为深远的"转型"：由计划经济体制转向市场经济体制，由农业大国转向工业大国，由"世界工厂"转向制造业强国，由粗放的外延式扩张转向资源节约型、环境友好型的绿色发展，以及城镇化、现代化、全球化、信息化，这一切的一切都在给这个巨大的经济体带来日新月异的急速的变化。

在本书里，笔者采用了大量的数据，力图尽可能通过图表的形式直观地、简洁地把这些变化介绍给读者，并注意进行历史对比和国际对比。纵向对比让人看到进步，横向对比让人看到差距。而且，从这种对比中我们可以更加清晰地认识到，中国现存的问题绝大多数都是急速的社会转型带来的问题，或者是发展不足，或者是发展不平衡。

联合国开发计划署 1990 年提出人类发展指数概念（HDI），旨在强调人类发展是发展的终极目标。经过调整之后，目前 HDI 包括出生时预期寿命、平均受教育年限、预期受教育年限及人均国民收入四个成分指标。该组织发表的 2013 年人类发展报告显示，2012 年中国

HDI 为 0.699，比 2011 年提升了 0.004，在 1980 年的 0.407 的基础上取得了显著进步，年平均增长率为 1.7%。持续高于东亚和太平洋地区国家平均值 0.683 以及金砖四国平均值 0.655，在联合国统计的 187个国家（地区）中排在第 101 位（名次与上年持平）。具体说来，在人类发展指数的各指标中，与 1980 年相比，中国人口的出生时预期寿命增加 6.7 年，平均受教育年限增加 3.8 年，预期受教育年限增加 3.3年，人均国民收入的增幅则高达 1416%。不过，中国的人类发展指数排名比人均国民收入排名低 11 个位次，显示了中国发展中的巨大不平衡。当用健康、教育和收入方面存在的内部不平等对人类发展指数进行调整后，中国的指数为 0.543，损失率为 22.4%（但仍位于 101 位）。其中，教育及收入指数的损失率分别达 23.2% 和 29.5%，显示了中国发展中的严重不平等。2019 年，中国的 HDI 排名上升到第 85 位。但是这一年联合国开发计划署将 HDI 更新为 PHDI（地球压力因素调整后的人类发展指数），测算时进一步纳入了二氧化碳排放量和物质足迹因素，如此换算下来，中国的排名又下滑到了第 101 位，显示中国的发展正面临极其严峻的生态和环境压力。

一个不平衡，一个不平等，城乡的、区域的、不同领域的、不同阶层的，这些都是中国未来发展中必须面对的挑战和难题。我们欣喜地看到，致力社会公平正义，让发展成果更多更公平惠及全体人民，正是中共十八届三中全会作出的深化改革的决定规划的重点。中共十九大更是明确宣示中国特色社会主义进入新时代，中国社会主要矛盾已经转化为人民日益增长的美好生活需要和不平衡不充分的发展之间的矛盾，提出要按照全面建成小康社会各项要求，紧扣社会主要矛盾变化，突出抓重点、补短板、强弱项，使全面建成小康社会得到人民认可、经得起历史检验。2020 年，党的十九届五中全会站在党和国家事业发展全局高度，以"开启新征程、践行新理念、构建新格局"为主题，按照党的十九大对实现第二个百年奋斗目标作出的分两个阶段推进的战略安排，将"十四五"规划与2035年远景目标统筹考虑，提出了推动经济高质量发展的要求和"全体人民共同富裕取得更为明显的实质性进展"的远景目标，描绘了我国进入新发展阶段的发展蓝图。这是我们党统筹中华民族伟大复兴战略全局和世界百年未有之大变局，为确保中华民族伟大复兴顺利实现而进行的一次重要战略擘画。

"十三五"圆满收官，"十四五"奋力启航。在这个历史交汇点上，我们迎来了中国共产党百年华诞。2021年7月1日，习近平总书记在庆祝中国共产党成立100周年大会上庄严宣告："经过全党全国各族人民持续奋斗，我们实现了第一个百年奋斗目标，在中华大地上全面建成了小康社会，历史性地解决了绝对贫困问题，正在意气风发向着全面建成社会主义现代化强国的第二个百年奋斗目标迈进。"我们相信，有中国共产党的坚强领导，有全国各族人民的紧密团结，全面建成社会主义现代化强国的目标一定能够实现，中华民族伟大复兴的中国梦一定能够实现。